影響中國人心理的100個觀念

100 Concepts of Chinese Culture

李亞暉 著

中國人的人生態度中有一種達觀，把酒笑談寵辱兩忘；
中國人的生存哲學中有一股韌勁，以柔克剛化解萬難；
中國人的應世妙方中有一種純粹，抽絲剝繭返樸歸真。

植根於文化，外化於行為，一百個極具代表性的觀念，
讓你讀懂從古至今所有中國人的心理。

【推薦序】

了解中國人的第一本書

從人文始祖黃帝點燃文明火種開始，一直到現在，中華民族在這個世界上已經存在了五千年之久。

在人類歷史上，很少有哪個民族能夠像中華民族這般經歷了數千年的傳承，依舊未曾斷絕。

那麼，支撐中華民族數千年屹立不倒的究竟是什麼呢？

毫無疑問，就是我們的文化。

從堯舜禪讓到春秋戰國的學術爭鳴，從罷拙百家、獨尊儒術到宋明理學的昌盛，中華民族大體決定了自己的生存方式，形成了獨特的文化內涵和文化準則。並且這一準則經過滿清近三百年的「以孝治國」方略不斷強化後日益完備。只要炎黃子孫、孔孟傳人有相同的文化認同，我們的民族就會一代代薪火相傳，生生不息。

中國傳統處世之道的觀念，是中國傳統社會和傳統文化的生成物。幾千年來，這些觀念潛移默化於中國人的民族精神中，影響著中國人的行為方式和處事態度。

在中國文化中，特別重視人與人之間的交往之「道」，以及遵循這種「道」而形成的「德」。比如，孔子提出「己所不欲，勿施於人」這一思想，其要點在於「將心比心」，設身處地為他人著想，就是一種與人為善的德性。

在名、利面前，古人讚美「君子無所爭」的風度和「退後一步自寬平」的技巧。「孔融讓梨」的典故之所以流傳千古，表明了「禮讓」是中國人歷來推崇的處世美德。

中國人把「和為貴」做為待人處世的基本原則，與人為善，避免衝突，極力追求人際關係的和諧。「井水不犯河水」是為了「和」；「和稀泥」，保持表面上的和諧一致又是一種「和」；「忍一時風平浪靜」也是為了「和」。

有人說，中華民族是最能隱忍的民族。以「忍」為主題的觀念也廣為人們所奉行：「小不忍則亂大謀」，「好漢不吃眼前虧」，「大丈夫能屈能伸」，「忍一時之氣，免百日之憂」，都說明遇事忍耐就能化弭衝突的道理。

但是，中國人為人處世的「觀念」，又往往互相矛盾，讓人無所適從。比方說，老祖宗諄諄教導我們，一個人應該「寧為玉碎，不為瓦全」，但同時又會告誡我們「留得青山在，不怕沒柴燒」；一方面說「見義勇為」，一方面又說「各人自掃門前雪，休管他人瓦上霜」；懂得「只爭朝夕」的道理卻又主張「慢慢來」。

如何選擇呢？還真是應了那句老話：「公說公有理，婆說婆有理」。

同時，我們也不能不承認，有些中國文化觀念由於被自身扭曲和病態化，開始受到越來越多的質疑和批判。這裡有社會本身不健康發展所導致的原因，也有資訊的開放帶來了東西方文化強烈對比的原因。

舉例來說，中國的家庭觀念是終身制的，這種講法或許有歧義，難道說老外的家庭還是階段式的嗎？當然不是，這是特指中國人的一種家庭責任感。打個比方，我們這一代人，註定要讓父母從零歲管到老，父母養育孩子，孩子反哺父母，並由此衍生了「父母在，不遠遊」的倫理觀念。

而美國式的家庭教育是，在十八歲以後子女必須獨立生活。如果你三十歲了還和父母同住，不僅會被周圍人看不起，甚至自己也會覺得很自卑。如果我們十八歲能夠做到完全不依賴父母獨立生活，那我們一定會被認為是一種極品般存在。

婚姻在中國似乎是終身制的，「嫁雞隨雞，嫁狗隨狗」，而離婚也會受到很多婚姻之外的阻礙，由此產生的觀念是「寧拆十座廟，不拆一樁婚」。這是因為在中國儒家傳統中，最高的價值是世俗倫理，而世俗倫理的基石就在婚姻家庭中，進而擴散到一鄉一城，一邦一國。廟宇總歸不是活物，拆了還能再蓋，菩薩原本就是寬容慈愛、善解人意、普渡眾生的，並不會因此怪罪下來；但假如毀掉別人的婚姻，拆散兩個相愛的人，那就意味著，你親手毀了一個家庭上下三代人的幸福，再加上兩人結婚之後可以繁衍後代，帶來更多希望和生命的延續，因此這種行為所造成的痛苦和過失是無法彌補的。

當然，從法律上來講，結了婚可以離婚，離了婚也可以再結婚，不結婚也可以有孩子，有了孩子也可以離婚。然而，在中國世俗觀念下，結婚就是一場走到底的路，施加壓力的來自於牽涉這場婚姻的所有人。

雖然開放的社交和資訊網路帶給了我們不同的生活理念和方式，但是，這些影響著一代又一代中國人的固有觀念，無論時代巨輪如何的轉動，仍舊有著歷久彌新的存在價值。讀懂了這些觀念並善加利用，你的成功人生就更進一步了。

【自序】

逃不掉的文化，躲不開的觀念

日常生活中，每當遇到人際交往的場合，總有人自然而然地說上一句：「俗話說……」每當遇到什麼事情，遭到某些變故，常有人借用古人為人處世的辦法，從中汲取智慧，加以借鑑，進而解決問題。

仔細分析我們不難發現，原來充滿智慧的老祖宗為我們留下了那麼多寶貴的精神財富，從遠古時代延續至今。這些為人處世的觀念，深深鐫刻在每個中國人的內心深處，影響著中國人的一舉一動。

擁有五千年歷史的中華民族不僅有豐富多彩的物質文明，更有著博大精深的人文文化，而每一個中國人從生下來就被沐浴在這樣的人文環境當中，進而擁有了共同點，形成心照不宣的行為習慣和心理定勢。

每個人都會有這樣的經歷：收拾行囊出門遠行，無論家境好壞父母都會拼命往你口袋塞錢：「窮家富路，多帶點錢路上不受難為！」；到了外地遇到同鄉，總會忍不住生出幾許親切：「老鄉見老鄉，兩眼淚汪汪。」；辦事的時候也總不忘「肥水不流外人田」，幫幫「自己人」；與人交往，我們總不忘「禮尚往來」；遇到爭執，我們常常會勸說自己：「退一步海闊天空」、「得饒人處且饒人」；飛黃騰達之後，我們會謹記古訓：「財不露白」，做個低調的有錢人；遭遇滑鐵盧，我們則會抱著「留得青山在，不怕沒柴燒」的信念堅持到底……

毋庸置疑，這些源於老祖宗口耳相傳或古籍經典的民間俗語、生活經驗、俚語成語等，大多都有豐富的淵源典故，包含著恩澤後人的人生智慧，讓我們受益匪淺。而了解並運用這些觀念，深諳其中道理，我們的為人處世將會變得更加容易。但是，如果你不了解這些從古至今延續下來的觀念，不按常規出牌，則很有可能處處碰壁，甚至遭受重創。

任何人的所作所為都能找到其心理根源，而這些心理根源往往和傳統思維、社會環境、生活經歷密不可分。出於種種目的，越來越多的人都想擁有察言觀色、洞察人心的能力，但做為一名中國人，想深諳對方心理，了解對方為什麼這樣做，究竟有什麼道理，首先必須要從中國的傳統思維入手。

經過幾千年的發展和演變，中國的傳統文化衍生了無數人生智慧，凝結著人與自然、社會關係的定位取捨，以及對於自身價值的深邃探求，只有了解這些，才能在社會中更好地立足。

鑑於此，我經過多年的深入研究，寫出這樣一本解析中國人傳統觀念的書。目的就是為了讓所有渴望在人際交往、日常生活、工作學習、事業愛情中汲取前人經驗，少走彎路，進而贏得更大成功的人成就夢想，贏得輝煌的人生。

這本書從修身、家庭、處世、金錢、養心等五大面相入手，為讀者最終達到心想事成的目的而深入剖析，從不同角度解讀這些傳統觀念，同時配以契合實際的案例，以便學習借鑑。

讀完本書你會發現，原來生活中隱藏著如此多的智慧，懂得運用這些智慧，不僅能啟迪思維，還能夠獲取成功和幸福。

毫無疑問，這是一本希望充分了解影響中國人心理的傳統觀念，進而更好地掌握自己和對方心靈深處所潛藏的東西，進而為我所用的人最佳的選擇。

擁有本書，相信您的未來之路一定會走得更加順暢！

第一章

有關修身的二十個觀念：成功的第一前提

第二章

有關家庭的二十個觀念：家庭和，萬事順

第三章

有關處世的二十個觀念：人情練達的智慧

第四章 有關金錢的二十個觀念：對「錢」的態度

買賣不成仁義在——「交情」是無形資產 220
有錢能使鬼推磨——拜金主義者的悲劇 223
貧賤夫妻百事哀——先買房，再結婚 225
財不露白——做低調的有錢人 228
錙銖必較——節約是賺錢的一種方式 232
馬無夜草不肥——賺錢需要有想法 235
撐死膽大的，餓死膽小的——賺錢需要有魄力 238
奇貨可居——要想發財，得保證自己與眾不同 241
人棄我取——善於在不起眼的地方發現商機 244
有錢沒錢，回家過年——孝心也是一筆財富 247
破財消災——花錢買平安 251
花錢買教訓——經驗比錢更有用 254
成己達人——雙贏的智慧 257
富在深山有遠親——有錢人門前為什麼總是人聲鼎沸？ 260
一文錢難倒英雄漢——錢不是萬能的，但沒有錢萬萬不能 263

第五章 有關養心的二十個觀念：收穫大自在的法門

心靜自然涼——沒有空調的時代，古人怎麼活？ 268

第壹章

有關修身的二十個觀念

成功的第一前提

三十而立

三十歲，要有為之奮鬥一生的事業

三十而立，這句話什麼時候讀起來都會讓人充滿緊迫感。

此話出自《論語．為政》，是兩千多年前孔子給自己三十歲時人生狀態下的一個斷言。

孔子說「吾十有五，而志於學。三十而立，四十而不惑，五十而知天命，六十而耳順，七十而從心所欲，不逾矩。」在孔子二十多歲時，就已經因為博學好禮而聞名四方了，但他依然不滿足，因為他希望「入仕」，透過自身的努力，改變實現治理天下的理想。

三十歲時，透過默默無聞的努力，孔子終於能在社會上站穩腳跟。那一年，齊景公與晏嬰來魯國訪問。齊景公拜訪了孔子，並請教他秦穆公何以稱霸的問題。

孔子之所以稱三十歲為「而立」，是覺得一個人到三十歲，就應該對這個世界擁有一個基本清楚的認識，能獨立做出某種選擇並且付諸行動了。

按照時下流行的說法，就是三十人生一道坎，邁不邁得過，立不立得起，會直接影響一個人的後半生。

不管是從生理還是心理的角度來看，三十歲都到了一個巔峰時期，體能、智力、情商(EQ)都處於人生的平均最高點。換句話說，該發育的都已發育完全，沒發育的就再也長不起來。就好像一個穿著寬衣大褲的少年，不覺時光荏苒，突然有一天他發現衣褲都已服貼地穿在自己的身上。

三十歲，該有的已經得到，沒得到的讓人看著悲傷。如果你還沒結婚，起碼應該在事業上有所小成，而不是「可有可無」，還在跑龍套。如果你已結婚，你就該擔負起養家糊口的責任，至少已經擁有一份較為穩定可觀的經濟來源。如果你有了孩子，那就不僅要有錢給孩子買奶粉，還得睜大眼睛不要買到有毒的奶粉。

那些已經買房買車、娶妻生子、事業有成的人也許還能春風得意，但回首二十，眼望四十，不覺倒吸一口涼氣。而那些還在社會泥淖裡掙扎的人卻不知苦向何處說，只是日日嘆道：三十歲還一事無成，我在做什麼呢？

三十而立，立的就是堅持。但更重要的一點在於，三十而立並不是全部，對孔子來說，的確如此，但對我們更多人而言，並非如此。

時光荏苒，不能三十而立，亦堪大器晚成。「唐宋八大家」之一的散文家蘇洵，和兩個兒子並稱「三蘇」。但他少年時代不喜歡讀書，據說到二十七歲時才大徹大悟，像孔子一樣

「志於學」，經過十餘年的苦修，文章才大有精進。這時，他的兒子蘇軾、蘇轍都已頗有文名。很快，他的才華得到翰林學士歐陽修的賞識，向朝廷推薦。後來又得到宰相韓琦的推薦，任秘書省校書郎，並參與編修太常因革禮一百卷。蘇洵的成就主要在散文方面，其文縱橫恣肆，繁而不亂，強調「有為而作」，達「胸中之言」，一改時文浮豔怪澀之氣，對後世文風頗有影響。

三十而立，三十而不立，或三十五而立，或四十而立或許都不重要，重要的是你是否堅持到了最後的「不惑」，和「從心所欲不逾矩」。就如同數學界兩個最有名的國際大獎：一個菲爾茲獎[1]，它只授給那些在頒獎年元旦前不到四十歲的數學家；而另一個沃爾夫獎[2]，卻必須以得獎者一生的成就來評定。

註 1：菲爾茲獎（Fields Medal），正式名稱為國際傑出數學發現獎（The International Medals for Outstanding Discoveries in Mathematics）是一個在國際數學聯盟的國際數學家大會上頒發的獎項。每四年評選 2～4 名有卓越貢獻且年齡不超過四十歲的數學家。得獎者須在該年元旦前未滿四十歲。獎項以加拿大數學家約翰．查爾斯．菲爾茲的名字命名。菲爾茲籌備設立該獎，並在遺囑中捐出 47,000 元給獎項基金。菲爾茲獎被認為是年輕數學家的最高榮譽，和阿貝爾獎均被稱為數學界的諾貝爾獎。

註 2：沃爾夫獎（Wolf Prize）由沃爾夫基金會頒發，該基金會於 1976 年在以色列創立，1978 年開始頒獎。創始人里卡多．沃爾夫是外交家、實業家和慈善家。沃爾夫獎主要是獎勵對推動人類科學與藝術文明做出傑出貢獻的人士，每年評選一次，分別獎勵在農業、化學、數學、醫藥、物理領域，或藝術領域中建築、音樂、繪畫、雕塑四大項目之一中取得突出成績的人士。其中以沃爾夫數學獎影響最大。沃爾夫獎具有終身成就性質，是世界最高成就獎之一。

面子問題

致命的「虛榮」

有一位讀書人家裡很窮，卻死愛面子，總吹噓自己家裡有錢，終於招來了小偷。沒想到，某天晚上去他家行竊的小偷驚奇地發現他家徒四壁，一件值錢的東西都沒有，便咒罵道：「真晦氣，原來是個窮鬼。」

聽到小偷的罵聲，讀書人從枕頭下摸出僅有的幾文錢，追上小偷，塞給他說道：「你來得不巧，把這錢拿去，到外面千萬給我留點面子，別隨便說我家裡窮啊！」

中國有很多人像這位可笑的書生一樣死要面子，所以我們經常看到有人明明背的是地攤貨，非在包上弄個大大的「LV」。

「死要面子活受罪」、「打腫臉充胖子」說的就是好面子的人。掀蓋型手機為什麼在東北亞地區尤其是中國最為流行？很多人想像不到，原因之一居然也是由於中國人愛面子。曾有位手機經銷商提到，因為掀蓋手機在開合時會發出一聲脆響，容易引起周圍人的關注，顯得更有面子，因此得以熱銷。

古人常說「打人莫打臉，揭人莫揭短」，對所有中國人來說，「面子」是天大的事，可以吃悶虧，也可以吃明虧，但就是不能吃「沒有面子」的虧。

其實，面子問題不僅影響了中國人的消費方式，還影響到人們的職業生涯，甚至決定一個人的命運。

有句古語貼切地說明了這一問題，那就是：「士可殺不可辱。」這是古代戰爭中被俘虜後的將士常說的一句話，意思是你要嘛殺了我，要嘛就不要玩我，如果你玩我，讓我活著沒面子，還不如死了算了。

項羽就是為面子而死的典型。打了敗仗的他跑到烏江後，本可以乘坐漁船逃回江東，伺機而動，東山再起，卻放棄了。因為項羽覺得拋不開面子，無顏再見父老鄉親。

回歸到現代社會，很多人在工作和生活中，往往也會由於面子問題而走彎路、吃大虧，甚至做出抱憾終生的選擇。

知名大學畢業的志明，因為運氣不佳，恰好趕上金融危機。此時，很多大學畢業生都因為找不到工作而發愁，畢業於經濟管理科系的志明也不例外。為了解決生計，志明邀請同學一起去某家小型計程車公司應聘司機職位，卻遭到了同學們的恥笑，他們說：「我們可是知名大學畢業的學生，去開計程車，太沒面子了！」最終，全班同學中只有志明一人當了計程車司機，其他都在盲目地尋找「有面子」的工作。

後來，志明開始做計程車公司的管理人員，受到了公司經理的青睞。經理把志明調到自己身邊做了助理，幾年後，準備退休的經理找到志明，問他是否願意收購自己的公司，並開出了極低的價格。

就這樣，志明有了自己的公司，他積極發揮自身才能，在幾年內讓公司擁有了上億的資產，而他的那些愛面子的同學，大部分還只是普通的工薪階層。

面子換不來地位和銀子，更換不來體面的生活。每個人都想讓自己有面子，不想失去面子，而面子是別人給的，更是自己爭取的。真正有面子的人，不會只在嘴上逞強，內心懦弱，更不會抱著不切實際的虛榮不放，而是客觀面對現實，不做面子的奴隸，正確把握好面子的分寸，保持適當的距離，做面子真正的主導者。

識時務者為俊傑

能屈能伸的「烏龜處世法」

提到「識時務者」，我們不能不想到一種動物——烏龜。

眾所周知，烏龜的動作很慢，遭到外力干擾或進攻時，牠從來不會硬碰硬，而是將頭腳全都縮進殼裡，靜候機會，等到外力消失，威脅不在，再把手腳伸出來。

在處事為人上，這種能屈能伸「烏龜處事法」，無疑是種難得的智慧，也只有聰明能幹的人，才能深諳此道。這也難怪《三國志》中會這樣描述：「儒生俗士，識時務者，在乎俊傑。」也就是說，別管你是儒生還是俗士，只有認清時代潮流，才能算俊傑之才。

遺憾的是，這句至理名言，在流傳的過程中，卻被扭曲了含意，成了有意逃避和變節的代名詞，甚至被用作貶義。很多人覺得，做為傑出者，就算餓得挖野菜、吃樹皮，也不能吃別人施捨的食物，似乎只有這樣才能彰顯英雄氣概，而識時務、能屈能伸，則有卑躬屈膝的嫌疑。

這當然是種曲解，所謂「時務」，意思是為人處事中善於審時度勢，知難而進者固然可喜；但審時度勢，善於放棄者則更難能可貴。人生在世，總會有難以應付的局面出現，在這種時刻保全自己並非逃避，而是休養生息，伺機而動。

暫時的削髮為尼，為武則天的稱帝埋下了伏筆；甘受胯下之辱，讓韓信最終成為了將軍；而一味奉行寧折不彎的屈原，最終既沒有實現自己的理想，也沒能給楚國百姓帶來幸福。

看來，人在矮簷下一定要低頭，只有先把眼前的困境解除，保住有生力量，才能有機會「翻牌」。俗話說：「小不忍則亂大謀」，凡事有所失必有所得，若欲取之，必先予之，別管是人際交往，還是行為處事，學會忍耐，婉轉退卻，都能獲得無窮的益處。

當我們捨棄某些蠅頭小利，讓對方獲得暫時勝利的同時，機會也在冥冥之中慢慢孕育了。

「一張紙如何才能站立起來，需要的僅僅是一個小小的弧度。」給生命一個弧度，讓自己能夠站立起來，做一個能屈又能伸的人，才能遊刃有餘。

在人生的旅途上，康莊大道、陽光燦爛固然好，但很多時候我們會遭遇挫折與他人的非難，面對人生路上的不平，橫衝直撞，不識時務，憑一己意氣用事，只會碰得頭破血流。此時，不妨彎一下腰，側一個身，變阻力為完美的轉身。

忍耐，是為了積蓄更大的力量；蹲下，是為了飛得更高、更遠。

三人行必有我師

用別人的智慧豐富自己

兩千多年前，中國偉大的思想家、教育家孔子曾說過這樣一句話：「三人行，必有我師焉，擇其善者而從之，其不善者而改之。」這句話包含了兩個意思，第一個意思，別人好的地方要虛心學習，第二個意思，別人不好的地方要引以為戒，反省自身。這樣一來，不管同行的人是「善」還是「不善」，都可以為師。

美國的哲學家和心理學家威廉詹姆斯曾說：「聰明的人總是用別人的智慧填補自己的大腦，而愚蠢的人則總是用別人的智慧干擾自己的情緒。」由此可見，想成為一個聰明的人，必須要懂得用別人的智慧來豐富自己的頭腦。

在哈佛大學的某堂課上，傑西卡教授出了這樣一道題目：「如果你們面前有一個帶洞的杯子，你們準備怎樣把它補好，使它不再漏水？誰的主意最好，我給誰一百美元！」

「我會找一些材料把這個洞補起來，保證不漏水，這是最方便的辦法。」

「我打算使用最先進的雷射技術把這個杯子焊接起來，保證看起來跟原來一模一樣。」

「我的辦法是找個一模一樣的杯子來代替這個杯子，達到以假亂真的目的。」

……

學生們給出了各式各樣的答案。

這時，教授發現坐在最後一排的湯姆正在和其他同學說笑，似乎一點也不把教授的問題放在眼裡。潔西卡教授把湯姆叫了起來，讓他來回答。

他聳了聳肩，兩手一攤說道：「我沒什麼辦法將那個杯子的漏洞補起來，不過我可以拿出一百美元的一半來收集一個最好的辦法，這就是我的辦法。」

這個回答使得全班哄堂大笑，同學們都以為他要挨罵了，沒想到，教授卻微笑著將手裡的一百美元給了他。

望著狐疑的同學們，教授意味深長地說：「從一百美元中拿出一半，或許會失去一部分財富，卻可以得到無數的答案，從這些答案中所選出的答案一定是最好的，因為它集合了眾人的智慧。雖然之前幾個同學的答案也不能算錯，但那畢竟是一個人的智慧。」

美國通用公司前總裁傑克・威爾許也說：「商業活動的精髓之一就是學會如何利用別人

的智慧。」此話無論是商業領域還是其他領域皆通用。

一句話，成功更青睞那些懂得並且善於集思廣益的智者。

最近在某公司就職的行政總監劉昱煒遇到一件頭痛的事，公司老總去外地考察，回來給中層以上的主管每人帶來了一隻烤野兔，讓他週五開完會後分發下去。這原本是件好事，但問題是烤野兔有大有小，發給誰小的也不好，一不留神還有可能引來非議。

劉昱煒一籌莫展，想了四天也沒想出解決辦法。第五天晚上，他坐在兒子旁邊看報紙，又陷入了沉思。兒子有問題問他，叫了好幾遍他都沒聽到，就問爸爸怎麼了，他有一搭沒一搭地跟國小三年級的兒子說了這件事。

兒子拍了一下腦袋，說：「這還不簡單，你別分讓他們自己去拿不就好了？」本來隨便說說的劉昱煒聽到兒子的辦法，頓時開了竅。第二天例會完畢後，他讓下屬把包裝好的野兔放在圓桌上，跟十幾個中層主管說，這是老總犒勞我們的，大家一人拿一個回去嚐嚐吧！結果，誰也不計較大小，所有烤野兔很快分完了。

俗話說：「尺有所短，寸有所長」，每個人都有自己不夠完善的地方，同時也有值得借鑑和學習之處，只有樹立「謙虛好學」和「學無止境」的觀念，放下身架，丟掉清高，虛心向他人請教，才能不斷提高，獲得更好的發展。

言必信，行必果

成功的兩大「法寶」是誠信和執行

話說有個不善於長跑的士兵，在一次部隊的越野賽中很快被遠遠地落在了後面，一個人孤零零地往前跑。轉過幾道彎之後，筋疲力盡的他遇到一個岔路口，前方有兩個路標，一個標明是軍官跑的，另一個則標明是士兵跑的。

他心裡開始憤憤然，當軍官真好，連越野賽都有便宜可佔，不過抱怨歸抱怨，停頓了一下，他仍然朝標示士兵的小徑跑去。沒想到，半小時後他到達終點，卻名列第一。從沒在賽跑中獲得過名次的他，開始靜靜地等待其他人。

幾個小時之後，大批人馬到了，他們跑得筋疲力盡，看見他獲得勝利也覺得不可思議，這時他頓時明白，原來是岔路口的「誠信」讓他少跑了彎路，贏得了比賽。

古人言：「言必信，行必果，硜硜然小人哉。」意思是說話做事講究誠信，這是連小孩子都知道的道理。既然連孩子都明白，都會照著去做，做為成年人，更應該深諳此道。

戰國時期，有一個名氣很大的人叫商鞅，他在秦孝公的支持下主持變法。由於當時戰亂四起，人心惶惶，為了樹立威信，推進改革，商鞅下令在都城的南門外立了一根三丈長的木頭，並當眾許下諾言：誰能將這根木頭搬到北門，賞金十兩。

這事誰都能做，可是圍觀的人沒有一個人相信，都覺得那是商鞅哄人的把戲，誰也不願意當第一個去做的人。於是，商鞅將賞銀提高到了五十兩。所謂重賞之下必有勇夫，終於有人站起來將木頭扛到了北門，商鞅立刻兌現承諾，賞給了他五十兩黃金。這一舉動，立刻在百姓心中樹立起威信，他接下來的變法也很快推廣起來，並使秦國逐漸強盛，最終統一了全國。

這就是「立木為信」的典故，而早它 400 年以前，卻發生過一個讓人啼笑皆非的鬧劇，那就是我們熟知的「烽火戲諸侯」。

為博褒姒一笑，周幽王下令在都城附近的 20 多座烽火臺上點起了火——這可是給邊關報警的信號，只有外地侵入需召集各地諸侯救援時才能點燃，結果諸侯們率領兵將急急火火地趕來，卻發現這不過是君王哄妃子開心的花招，憤然離去。五年後，犬戎大舉攻周，幽王再燃起烽火，諸侯們卻未到——誰也不願再上第二次當了。結果幽王被逼自刎而褒姒也被俘虜。

一個「立木取信」，另一個則玩了齣「狼來了」的遊戲，前者變法成功，國富民強，後者則自取其辱，身死國亡。可見，沒有誠信的個人是社會的危險品，沒有誠信的民族則是沒有未來的。

唐朝詩人李白曾在《俠客行》中這樣寫道：「三杯吐然諾，五嶽倒為輕。」誠信的份量比五嶽還要重，確實如此，做為立身之本，誠信的意義不僅僅在於展現個人的道德品格，同時還是一種高尚的人格力量，一種安全的處世之道，以及讓事業和人生立於不敗之地的保障。

當然，想成就一番事業，誠信只是最基礎的保障，想成大事，還需有強大的執行力，畢竟沒有執行或者執行不力，再好的想法都是紙上談兵。

誠信是成功的保障，執行則是成功的基礎，而只有把這兩大「法寶」全部用上，讓兩者相得益彰，未來之路才會走得更加坦蕩。

名正言順而後事成

要想把事情做成，一定要師出有名

楚漢相爭之時，項羽北上攻打齊王田榮，沒有精力鉗制劉邦，結果劉邦趁虛而入，從陝西臨晉渡過了黃河，順勢降服魏王豹，緊接著又佔領了洛陽城。

為了讓民眾和士兵們心往一處想，力氣一起使，劉邦絞盡腦汁，終於想到一個好辦法。他命人四處添油加醋地宣揚項羽當年殺害義帝的惡行，還號召全國舉哀三天。這一手果然奏效，各路諸侯紛紛響應劉邦，士氣大增，劉邦的隊伍一舉攻下了楚國都城彭城，為千秋大業奠定了基礎。

毫無疑問，劉邦之所以勝利是因為他「師出有名」，這並非他一個人的智慧，在中國千百年的歷史上也是有據可查。先聖孔子有云：「名不正，則言不順，言不順，則事不成。」名義不正當，說話就不合理，而說話不合理，事情就不能做成。

擁有傳統正名思想的中國人，從古至今都講究名正言順。什麼是名正言順？顧名思義，就是名分正當，說話合理，不管做什麼，首先要有理有據，道理上要說得通。這話放在軍事中，叫「師必有名」，也就是說，不管孰是孰非，出兵打仗就得先找到正義的理由。

比如，美國出兵阿富汗，做為第三方的其他人，都覺得美國的所謂的「理由」完全是「藉口」，但在美國，這卻是國會通過的，絕大部分民眾同意的，甚至是經過聯合國安理會授權的，因此美國完全有理由理直氣壯。但是等到伊拉克戰爭的時候，由於沒有得到聯合國的支持，加上國內的反對聲音很大，美國沒什麼正當理由，名不正言不順，不得不繞過聯合國出兵，又從客觀上失去了道義，徒增了很多困難。

由此可見，無論古代還是現代，不管中國還是外國，戰爭從來都不是單純的武器對抗，而是人的對抗，不僅是軍人的對抗，更是民心的對抗。事實證明，只有找出充分的理由，才能在戰爭中佔得上風，至於理由的真偽，有時也許只能依靠第三方評判，但在當時，只要理由說得過去，戰爭也就勝利一半了。

戰爭中，師出有名是最終取得勝利的先決條件，現實生活中，它同樣是獲得支持，走向成功的首要基礎。

鵬程公司的老闆劉鵬程為了讓公司發展更快，賺更多的錢，準備在原有的外包業務基礎上，自主研發新專案，這項業務一日開展，公司就會很快邁上新的臺階，前途也變得更加光明。

然而，當劉鵬程在月末總結大會上提出這個建議的時候，贊同的人卻並不多，不少中層打退堂鼓，還有人直截了當地說：「劉總，我們公司現在業績很好，開發新專案，投資多不說，是不是成功還得另當別論。」

冒風險是必然的，這劉鵬程早就想過，但遇到這麼大的阻力卻在他意料之外，回去後他認真反思，找到了癥結：原來下屬們更多考慮的是，新專業對自己來說沒什麼太大意義，現在日子很安逸，一旦加了工作量，薪水提不提另當別論，承擔風險不說，原本清閒的日子還會變得忙碌。

縝密的思考之後，劉鵬程舉辦了一次動員大會，會上慷慨激昂地描述了公司前景，並詳細敘述了研發新專案的重要性和對在座所有人的好處，這讓在場的每個人都變得摩拳擦掌，工作也順利的得到了推進。

這種方式，其實在很多企業中都有所應用，儘管老闆所做出的決策，大多只是他自己的想法，但仍會給所有人找一個充分的理由：「為了……，我們決定……」或「因為……，我打算……」

這個理由可以真也可以是假，可以實也可以虛，但無論真假虛實，也不管你自己信不信，在實行某重大決策時，給群眾一個說法，讓大家認可，這件事才能順利開展下去，這就是所謂的「帝王術」。

現實生活中，儘管我們當不了「帝王」，也不一定會成為企業或公司的決策者，但在做任何事的時候，只要能找出令人信服的理由，不管做什麼事情，阻力都會大大減少，成功的機率也會大大增加。

滿招損，謙受益

處處佔便宜的「謙謙君子」

只要提到「滿招損，謙受益」，大概很多人第一時間想到那句：「驕傲使人落後，謙虛使人進步。」沒錯，這兩句話說的意思差不多，驕傲自滿會招來損失，遭遇打擊，謙虛謹慎則能得到好處，佔盡便宜。《尚書．大禹謨》中說：「時乃天道。」這是天經地義的。

俗話說：「大海不擇細流，故能成其汪洋；泰山不擇塵土，故能成其崔嵬。」像孔子這般千古聖人，尚能不恥下問，做為凡夫俗子，我們為什麼不能謙虛點，況且謙虛又不吃虧。

謙恭禮讓的堯、舜、禹三帝都擁有了不起的成就；禮賢下士、謙虛待人的周武王得到了姜子牙的輔助；功成身退的范蠡、張良流芳百世；最終贏得了江山；態度隨和，願意以人為鏡的唐太宗保住了社稷平安……與此相反，為所欲為的商紂把皇帝的位置拱手讓人；目中無人的項羽功敗垂成；恃才傲物的楊修則慘遭殺害；驕橫囂張的狄青最後恐懼而亡……

可見謙虛無論是於自身還是於一家一國，都是有百利而無一弊的，而自滿則必自毀。

有一位癡迷繪畫的青年，得知法門寺中的住持釋源大師擅長丹青，千里迢迢趕來求教。一進門，他就迫不及待地說：「這些年來我一心一意想學丹青，但至今沒找到一個滿意的師父，很多人都只是徒有虛名，有的畫技還不如我。大師，終於找到你了，我希望這次我沒有來錯。」

釋源大師聽後，淡淡一笑，讓他先畫一幅看看再說，青年問畫些什麼，釋源微笑著說：「老僧素來最愛品茗，施主為我畫一把茶壺和一個茶杯吧！」青年果然有繪畫底子，只寥寥數筆，就將一把傾斜的茶壺正徐徐吐出一脈茶水來，源源不斷地注入到茶杯中的畫作完成了，畫得栩栩如生。

青年原以為會得到讚賞，不料釋源大師卻笑著說他畫錯了，應該把杯子畫在茶壺之上才是。青年立刻反駁起來：「有沒有搞錯？哪裡有杯子往茶壺裡注水的？」

釋源大師哈哈大笑：「原來你懂得這個道理啊！你渴望自己杯子裡能注入丹青高手的香茗，卻總是把自己的杯子放得比茶壺還高，香茗怎麼注入你的杯中？」聽後，青年頓悟，忙謙恭地請教畫藝，回去後潛心學畫，成了一代宗師。

澗谷把自己放低，才能得到一脈流水，人只有把自己放低，才能汲取別人的智慧和經驗，這層意思在《易經》中也有所提及。我們知道，易經一共六十四卦，每一卦爻都有凶有吉，而唯有在第六十四卦「謙」中，每一爻都是吉祥的，這足以說明，謙虛能帶給我們無盡的利益與好處。

在工作和生活中，想與人友好相處，將事情做到盡善盡美，謙恭不可或缺：你樸實和氣，別人才願意和你接觸；你恭敬順從，別人才會認為你和他配合默契；你顯得有點愚鈍，別人才會願意真心助你。

我們不難發現，古人在稱呼自己的時候，總會用：「鄙人」、「在下」、「不才」、「愚兄」；提到父母，稱「家父」、「家母」；兒子是「犬子」，女兒是「小女」，妻子是「內人」……這充分表現了古人的謙恭。

這些謙恭者，在受到眾人尊敬的同時，為人處世也更為順暢，為什麼會這樣呢？在中國人的傳統思維中，謙謙君子，總能滿足人們對於紳士的所有想像，一個和藹的君子，任何人都不會與之為敵，還會處處禮讓，讓他處處佔便宜。

窮則變，變則通

史上最強生存法則

鄭國有個人想買雙鞋穿，他提前在家量好了腳的尺碼，然後到市集上去，找到賣鞋的地方卻突然發現自己忘記帶量好的尺碼，就告訴店家：「我忘了帶量好的尺碼了，得回去拿。」等他跑回家拿到尺碼，再返回來的時候，市集已經散了，他最終也沒買到鞋。

有人問他：「你幹嘛不用腳試試啊？」

他說：「我只相信量好的尺碼，不相信自己的腳。」

這就是成語「鄭人買履」的由來。它告訴我們，遇到事情要實事求是，更要靈活變通，死守教條到頭來吃虧的只能是自己。

人常說：「改變你所能改變的，接受你所不能改變的。」簡單說來，可以概括成八個字：改變自己，適應環境。在《周易．繫辭下》中，這一理論被總結為：「易，窮則變，變則通，通則久。」也就是說當事物發展到了極點，就會發生變化，而只有變化了才能通達，通達才會長久。

人生在世，隨時隨地都會發生變化，因為只有變化才是永恆的，正如哲人所說：「人不可能兩次踏進同一條河流。」當事物已經發生了變化，如果你還固守成規，運氣好的也許只能停滯不前，看不到進步，運氣不好的就很有可能遭遇性命之憂。

美國著名思想先鋒和暢銷書作家史賓塞．詹森博士在《誰搬走了我的乳酪》中為我們講述了這樣一個故事：

小老鼠嗅嗅、快快和小矮人哼哼、哈哈生活在一個迷宮裡，乳酪是牠們唯一生存的希望。有一天，牠們同時發現了一個儲量豐富的乳酪倉庫，就定居下來，開始了幸福的生活。但好景不常，某天，乳酪突然不見了！這個突如其來的變化打亂了牠們四個的平靜生活。

小老鼠嗅嗅和快快立刻開始行動，穿上始終掛在脖子上的跑鞋，出去尋找，並很快找到了更新鮮更豐富的乳酪；而小矮人哼哼和哈哈面對變化，卻手足無措，猶豫不決起來，牠們整天固守在已經消失的美好幻覺中，不斷抱怨和追憶，根本不肯接受乳酪消失的殘酷現實。

經過一段時間的考慮，哈哈終於想通了，衝破思想的束縛，穿上很久不用的跑鞋，重新進入漆黑的迷宮，並最終找到了更多更好的乳酪，而哼哼卻仍然生活在無盡的苦悶中，怨天尤人，結果可想而知。

很顯然，作者告訴了我們「變是唯一不變」這一人生真諦，生活永遠不會遵從某個人的願望，改變隨時都有可能降臨，只有學會在改變中求生存，在變化中適應環境，才能始終立於不敗之地。

其實，在紛繁複雜的現實社會中，生活就是一座迷宮，我們都是為了得到那塊屬於自己的「乳酪」而孜孜不倦奔波的人。如何才能把握和擁有呢？除了要學會精心呵護，不讓它變壞、變酸，還要隨時做好調整自己，適應變化的準備，畢竟「乳酪」總有一天會吃完，只有積極面對，伺機而動，才能找到更好更新的「乳酪」。

如果上帝給你一個檸檬，給別人一個蘋果，那麼你是咒罵上帝對你不公，只給你一個酸檸檬卻給別人一個甜蘋果呢？還是積極發動腦筋，將檸檬變成好喝的檸檬汁，並享受這一過程呢？

如今，我們正在經歷一個迅速變化的時代，現實的多變將我們推向了充滿不確定的環境中。只有敏銳地注視隨時可能發生的變化，未雨綢繆，主動做好知識、技能、身體和精神的累積，我們才能應付自如的面對發生的變化。

因此，在工作和生活中，我們必須及早嗅到變化的氣息，迅速調整自己適應變化，懂得隨變化而變化，遭遇挫折後不抱怨、不放棄，努力改變，享受變化所帶來的新收穫。

難得糊塗

「睜一隻眼，閉一隻眼」的智慧

俗話說：「聰明難，糊塗更難。」這話一點也沒錯，聰明人不難做，聰明也不難裝，最難的是原本聰明，卻得裝糊塗。

中國人對「難得糊塗」常常是青睞有加，或將此做為座右銘，或懸掛在客廳的正中央，時刻警醒自己。然而難得糊塗這四個字說說容易，做起來卻不易，很多人往往將一切看得太清楚、太透徹，卻無力改變，徒增煩惱。

博學正直的蘇東坡，年輕的時候因為看事情太犀利，處理問題毫不留情，所以得罪了不少人，最後連當權者也容不下他，一輩子被貶謫，生活悽楚。老年之後，內心苦悶的他寫下這樣的詩句：「人皆養子望聰明，我被聰明誤一生。唯願孩兒愚且魯，無災無難到公卿。」希望自己的孩子不要重蹈自己聰明一世、一事無成的覆轍，愚鈍一些，糊塗一些，順順利利地度過一生。

難得糊塗，並非真糊塗，真正聰明的人，往往對什麼都心知肚明，但遇到任何事卻總裝出一副什麼也不知道，什麼都不清楚的樣子，還很高興讓別人覺得自己糊塗，進而左右逢源，樂得自在。

某年愚人節，有人想戲弄馬克．吐溫，就在紐約的一家報紙上登出了他的死訊，結果，親朋好友從各地紛紛趕來。不料到了馬克．吐溫家，卻發現他正在桌前埋頭寫作。

親戚朋友們先是一愣，接著齊聲譴責造謠的報紙，馬克．吐溫卻一點也不生氣地說：「他們說得沒錯，死是千真萬確的，不過把日期提前了些。」

還有一次，記者問馬克．吐溫：「聽說您還有個雙胞胎的弟弟，在童年時因為洗澡不慎淹死了，以致於後來所有人都不知道是您活下來，還是您弟弟活下來了，是這樣嗎？」

馬克．吐溫茫然無措地說：「我也很苦惱，最讓人傷心的就是這個事情，所有人都以為我是那個活下來的人，其實活下來的是我弟弟，淹死的才是我。」

明朝洪應明在《菜根譚》中說：「大聰明的人，小事必朦朧；大懵懂的人，小事必伺察。蓋伺察乃懵懂之根，而朦朧正聰明之窟也。」大智慧的人，對小事常會顯得糊塗，而對小事觀察入微的人，往往不是聰明人，因為人的精力有限，過多耗費在小事上，大事也就荒廢了。

在商貿公司工作的黎莉雯就是一個善於揣著明白裝糊塗的人，做為老闆身邊的貼身秘書，整個公司，她無疑是對老闆公事、私事知道最多的人。這個敏感的身分，讓她常常遭到其他同事的「圍攻」，因為很多人都想從她口中得到些「內部情報」，以便伺機而動。

雖然黎莉雯很反感同事們這樣做，但也不能得罪他們，畢竟水能載舟，也能覆舟，被孤立了可不是鬧著玩的。苦思冥想之後，黎莉雯有了主意，每次別人問到她老闆的喜好，或最近有什麼新動向，她總會像個太極推手：「什麼，這事我怎麼不知道？」「老闆才不跟我說這些呢！我也就給他打下手的！」

漸漸地同事們以為她大大咧咧，什麼也不懂，就不再旁敲側擊了，她在老闆眼中，也成了最可靠的幫手。誰也沒想到，半年後，老闆拓展新業務，「糊塗」的黎莉雯，卻成了新部門的主管，因為她把別人鉤心鬥角、探聽虛實的時間，都用在了潛心鑽研業務上。

不過，能做到「小事糊塗」，絕非易事，如果沒有高度涵養，斤斤計較，是斷乎不行的。與此同時，「睜一隻眼，閉一隻眼」的人生哲學也需適當拿捏，只有做到「該糊塗時糊塗，不該糊塗時絕不糊塗」，用睜開的眼睛遍視世界的美麗，用閉著的眼睛抹去世間的無奈，人生才算活出了極致。

好好先生

「和稀泥」的藝術

什麼是「和稀泥」？顧名思義，就是弄一團稀泥攪和一下。在鄉村待過的人可能會有所了解，一般蓋平房或壘牆的時候，往往不會動用太多先進機器，都是三五個工人找些土，放上些麥秸倒上水，然後脫了鞋光著腳在裡面來回踩，等踩均勻，有力道了，就可以用來壘牆了，這個過程，就叫「和稀泥」。

一般來說，當某個小群體出現紛爭，在中間調和折中，勸對方顧全大局、以和為貴，大事化小，小事化了，最終和諧一致，抱成一團的那個人，就是在「和稀泥」。

對於這樣的一類人，很多人嗤之以鼻，認為他們不論對錯，不講原則，只想做「老好人」，打圓場，實在不值得人敬仰。但細細想來卻並非如此，無論各個場合，這種人都是不可或缺的，正是因為有了他們，爭端才能被扼殺於無形。

清朝末年，江夏有個名叫陳樹屏的知縣，一次因為公差，在黃鶴樓畔宴請湖北督撫張之洞和撫軍譚繼詢及其他官員。當時在場的人全都知道，張之洞和譚繼詢素來不和，都刻意迴避讓他們碰面，擔心席間會出亂子。果然，在座的客人在談到江面寬窄問題時，兩人出現了爭執。

譚繼詢說是五里三分，張之洞卻故意說七里三分，雙方互不退讓，誰也不肯認輸，宴席上的氣氛頓時緊張起來。陳樹屏知道這是借題發揮，心裡很不滿，但怕掃了眾人的興，就靈機一動，從容地拱拱手，謙和地說：「江面水漲就寬到七里三分，退潮時則五里三分，張督撫是指漲潮，而撫軍大人則說退潮，兩位大人都沒說錯，這有什麼可懷疑的呢？」

原本信口胡說的張之洞和譚繼詢，都擔心露底，聽了陳樹屏「和稀泥」的話，趕緊找了個臺階下了。而陳樹屏更是兩頭都沒得罪，還交了兩個朋友。

日常生活中，人與人在交往中，即便遠日無怨，近日無仇，也免不了因為一點小事發生糾紛，尤其是個別脾氣暴躁者，常會因雞毛蒜皮的小事和他人爭執，甚至拳腳相向。此時如果沒有人出來「和稀泥」，沒有「好好先生」在場，往往很容易釀成悲劇。

因此，做為旁觀者，在他人矛盾激化的時候，如果可以主動做個「和事佬」，和和稀泥，透過循循善誘和耐心規勸，讓衝突雙方的頭腦冷靜下來，化干戈為玉帛，那麼一旦事態平息，不僅雙方都會對你心存感激，而且你四兩撥千斤的行為也會讓眾人記住。

我們都知道，婆媳關係是非常複雜的關係，兩個陌生的女人，因為同一個男人而相遇相識，甚至還要在同一屋簷下共同生活。即使兩人都通情達理，潛意識裡的敵意、爭奪、挑剔、排斥，這些複雜的情感也難免出現。假如婆媳兩人性格、生活背景、成長經歷等各不相同，矛盾更容易發生。

此時，如果家裡能有位「好好先生」，耐心協調，四兩撥千斤，兩邊「和稀泥」，矛盾必然會平息或降級，而家庭的融洽氛圍也會逐漸增強，透過磨合，漸漸成為和諧的一家人。

當然，和稀泥也需要技巧，尤其需要學點講話的技巧，畢竟無論任何時候，出現爭端的兩個人都會有各自的立場和觀念，公說公有理，婆說婆有理，每個人都會認為自己是對的。所以做為調和人，在解決爭端的時候，語氣一定要緩和，態度一定要中肯，立場一定要公正，講話一定要得體。只要做到這幾點，也就掌握和稀泥的藝術了。

君子慎獨

小心謹慎，做自己的「監視器」

從前，有個又飢又渴的趕考秀才，在經過一片熟透的桃林時，只淡淡地望了一眼便繼續低頭趕路了，別人問他為什麼不摘個桃子解解渴，他說：「桃李無心，我心有主。」他認為，儘管主人不在，桃李不會自我約束，但如果偷吃，自己的善心就不存在了。

這位秀才名叫許衡，他的行為不愧為君子，這和《禮記．中庸》裡所提到的「慎獨」極其相似：「道也者，不可須臾離也；可離，非道也。是故君子戒慎乎其所不睹，恐懼乎其所不聞。莫見乎隱，莫顯乎微，故君子慎其獨也。」

這就是說，身為君子，在別人看不見、聽不到的時候，也必須對自己的言行負責，只有這樣才能做到獨善其身，問心無愧。

古代的科學技術不夠發達，也肯定沒有「監視器」這樣的高科技產品，人在背地裡做了些什麼，只有他自己最清楚。也正是在這樣的情況下，本質才能真正得以彰顯，人品才會暴露無遺。

東漢時，有個名叫楊震的清官，在他出任荊州刺史的時候，發現一個名叫王密的人才華卓越，就向朝廷舉薦，讓他當了官。王密對楊震感激萬分，就偷偷跑到楊震家，執意送上10兩黃金以表謝意。楊震不肯要，王密低聲說：「您就放心收下吧，夜幕之下，無人知曉。」

楊震很生氣地斥責他：「我舉薦你，是因為你有才華，你送黃金給我，是什麼意思？這裡天知地知，你知我知，怎麼能說無人知曉？何況自古以來，君子慎獨，怎麼能因為沒人知道，就做出違背道德的事情呢？」

一席話，說得王密羞愧萬分，急忙起身謝罪，收起金子走了，從此潔身自好，也當了一輩子清官。

如今，隨著科學技術的不斷發展，到處都有「監視器」，背地裡做點什麼見不得人的事情似乎不那麼容易了，但話說回來，即便在沒有「監視器」的地方，做為一個堂堂正正的人，也不會做「虧心事」，因為還有一句話，叫：「若要人不知，除非己莫為。」

有個人去泰國旅行，在路邊的雜貨店中看見一個十分可愛的小紀念品，他想買回國送人，就精心挑選了三個，然後問價。女店員告訴他每個一百銖，他還價六十銖，說了半天，女店員也不同意。

無奈之下，女店員只好告訴他：「我是沒有底薪的，這都是老闆訂下的價格，我每個賣出一百銖，他才會給我十銖做為報酬，如果我六十銖賣掉的話，就什麼也賺不到了。」

這人心生一計，告訴女店員：「這樣吧，妳賣給我六十銖一個，我額外給妳二十銖做為報酬，這樣我能少花點錢，妳也能多賺點，雙方都有好處，妳看怎麼樣？」他滿以為女店員會立刻答應，不料她卻連連搖頭。

見女店員不肯，這人連忙補充一句：「放心吧！妳老闆肯定不會知道，別擔心。」女店員看看他，堅決地搖搖頭，說：「佛會知道。」

宋朝著名學者陸九淵曾說：「慎獨即不自欺。」這位懂得傾聽內心聲音、潛心向佛的女店員，正是不自欺的代表。

我們知道，表面上的君子好當，而表裡如一，人前人後都一樣的君子卻難做。每個人都有慾望，這是人的天性，尤其在這個物慾橫流的社會，每個人都面臨著「制慾」的考驗。有多少人會在這種考驗面前敗下陣來，「一失足成千古恨」，又有多少人可以將「慾」自覺理智地控制在道的範圍和法度要求之內，並「省察於莫見莫顯」當中，做個表裡如一的真君子？

小心謹慎，做自己的「監視器」，將探照燈植入內心，不自欺，不欺人，人前正直，人後正派，獨處正心，當你真正做到了這些，你就會收穫大歡喜。

古已有之

學習「老祖宗」的經驗

老子曾曰：「善人者，不善人之師；不善人者，善人之資。」他認為，行善者的行為，可以成為學習榜樣，不善者的表現，則可以做為反面教材。

也就是說，不管是「善人」還是「不善的人」，都有借鑑和學習的必要，這些人的經驗和教訓，能讓我們在短時間內獲得同樣甚至更多的體驗，一旦遇到類似的事情，成功的可能性就會增大很多。而假如只是一味的自以為是，不肯虛心，不願低頭，則只有吃虧的份了。

一個博士被分到基層研究所學習鍛鍊，因為學歷最高，常常恃才傲物，不把任何人放在眼裡。

某天，他到單位後面的小池塘釣魚，恰好所長和另一位同事也在旁邊，他只是微微點了點頭，心想，兩個大學生，有什麼可聊的？

過了一會兒，所長放下釣竿，站起身來，伸個懶腰，蹭了幾下，就從水面上如履平地般走到對面上廁所去了，博士的眼睛嚇得差點掉下來，水上漂？不會吧？難道是我看錯了？

所長上完廁所回來的時候，同樣還是從水上「漂」回來了，這是怎麼回事？博士不好意思去問，誰讓自己是博士呢！

又過了大約半個小時，旁邊釣魚的另一個同事也站起來，同樣幾步就走過水面上廁所去了。這下博士更是驚得差點暈倒，不是吧！難道這個小小的研究所，藏了那麼多高手？

不久後，博士也內急了，他觀察了一下地形，想要到對面廁所，起碼也得繞上十幾分鐘的路，而回單位又太遠，怎麼辦？他不願問身邊的所長和同事，猶豫了一番，賭氣想到：「哼，大學生能使的『水上漂』，我也行！」

不料，剛一邁步，博士就「咚」的一聲栽進了水裡。

被兩人救起後，他才知道，這池塘原來有兩排木樁，因為這幾天下雨漲水，剛好埋在水下，在單位待久的人都知道木樁的位置，所以可以踩著木樁過去，而他這個「菜鳥」，卻問也不問，就悶頭往前衝，不掉水裡才怪呢！

從古至今，每一位在歷史上走過的「老祖宗」，都會留下屬於自己的一筆財富，每一位資歷豐富的老者，也都會在人生中擁有自己的收穫，而這些，都是我們最寶貴的財富。一個人的體驗是有限的，尤其做為年輕人，只有汲取來自前輩的經驗和教訓，獲得各個方面的培養，集合眾家所長，才能獲得事半功倍的效果。

被稱之為日本「銀座猶太人」的藤田岡，十分重視員工的學習精神，為了讓下級學會觀察和思索別人行為的成敗，他下令每個月由公司出錢，選出一部最新且富有訓練經商頭腦的電影，動員全體員工共同觀看。沒有特別原因不許缺席，他本人也不例外。這一辦法，使他的公司少走了很多彎路，而他和下屬們，也獲得了長足的進步。

如果細心觀察，我們不難發現，在周圍常常會有一些學有所長之人，登臺傳授自己的心得體會，有些人覺得，取經必須上「西天」，周圍人哪有可學之處？還有人會說，學習不過是種簡單的重複，有什麼意思？其實，這些都是盲點，每個人都有值得學習的地方，誰有本事，就要跟誰學；學習別人的經驗和教訓，也並不是重複他人，而是學人之智，得人精髓，取人之長，補己之短。

實踐是檢驗一切的真理，它告訴我們，只有善借外智，才能思路開闊；只有善借外力，才能攀上高峰。有句老話說得好：「活到老，學到老。」隨著社會的發展，每個人都在不斷向前邁進，所謂學無止境，只有抱定畢生學習的信念，人生才能越來越開闊，事業才會越來越成功。

滴水穿石

不是力量大，而是工夫深

在中國大陸的安徽廣德的太極洞內，有一塊狀如臥兔的石頭，石頭的正中央有個光滑圓潤的小洞，前來參觀的人紛紛稱奇，這個小洞是如何形成的呢？

原來，由於地質因素，這塊石頭的上方，一直有水滴接連不斷地從縫裡滴落，久而久之，日雕月琢，終於滴穿了這塊石頭，成為太極洞中一大奇觀。這也正應了一句古語：「滴水穿石，非力使然，恆也。」

如果不是親眼見到，誰能相信，小小的水滴，居然能將岩石滴穿？這真是奇妙的很，一滴水究竟能有多大的能耐，又輕又柔，而岩石則堅硬、沉重，想要鑿穿它，必須得藉助工具，費一番工夫才行，水滴是如何做到的呢？

滴水之所以能夠穿石，不是因為力量大，而是因為在漫長的時間裡，它從不停歇，始終堅持不懈地以同一種姿態向前。時間是個可怕的機器，它不僅可以消磨掉很多東西，也能締造很多奇蹟。

《漢書．枚乘傳》中記載著這樣一句話：「泰山之溜穿石，單極之綆斷幹。水非石之鑽，索非木之鋸，漸靡使之然也。」這就是「滴水穿石」的出處，由此可見，再小的事情，一天天的去做，也能累積成大事，再微小的努力，只要堅持不懈，也能成就大的基業。

有這麼一個小男孩，當他第一次站在領獎臺上時，在場的所有人都驚訝極了。為什麼呢？因為這個男孩先天性殘疾，出生時因為醫療事故而被迫截肢，只有一條右腿，且伴有間歇性的癲癇病。

人們驚奇地問他成功的秘訣，他笑著說了這樣一句話：「我喜歡跑步，每次跑步時，我都會對自己說：『讓我跑完這段路』。」

有人在他的日記本中翻出一張泛黃的計畫書，這是一個十四歲孩子所制訂的跑步計畫：第一個月：跑完從家裡到學校的 1000 米；第二個月：增加50米，也就是 1050 米；第三個月：再增加50米，即 1100 米；第四個月：從家裡跑到醫院，共計 1200 米……這個計畫就這樣一直排列下去，每個月都有所增加，到了第二年，居然一點一點，增加到了 5000 米。

不能不說，這是個很不起眼的計畫，不僅奇怪而且很好笑，每個月只增加50米，這也太簡單了！但當你知道，這個計畫是一個只有一條腿的小男孩制訂的之後，你還會覺得好笑嗎？

六年後，當他站在領獎臺上，無比幸福地捧著殘疾人運動會長跑冠軍的獎盃時，你會不會覺得這個計畫書並不是一張紙，而是沉甸甸的夢想呢？「讓我跑完這段路」，意味著什麼？頑強的意志力，堅定的信念，持之以恆的行動……

整整六年，這期間要克服多少困難，流下多少汗水，但正是這一點一滴的累積，毫不鬆懈的努力，讓他戰勝了自我，獲得了「水滴石穿」的效果。

我們都知道，鄭板橋畫的竹子天下第一，不僅畫好，題詞、詩文樣樣稱奇。其實最早的時候，雖然他的畫獨樹一幟，詩寫得清新文雅，但字卻軟弱無力，撐不起他的畫作。為了不讓字影響畫的品質，他下定決心開始練字，天天練，月月練，每天廢寢忘食，幾乎連門都不出，幾年後終於寫得一手好字，他的畫、詩、字也被後人譽為「三絕」。

俗話說：「只要工夫深，鐵棒磨成針。」成功的道路總是充滿崎嶇和坎坷，但只要抱定決心，哪怕只擁有微弱的力量，也能一點一點地擊退困難，攻克難關，慢慢向成功靠近，並最終達到人生的巔峰。

忍一時風平浪靜

忍字頭上一把刀

幾乎所有人，都聽說過這樣一句話：「忍一時風平浪靜，退一步海闊天空。」人生在世，凡事退讓一步，用暫時的忍耐求得新的轉機，以博大的胸懷來寬容，這是種無盡的智慧。

俗話說得好：「忍字頭上一把刀。」忍耐，大概是中國人天性中最大的特質，從奴隸制社會，到封建社會，中國人生於苦難，人口眾多，備受壓抑，只要想想古代人的處境，我們自然能明白忍耐的重要和可貴。沒有忍耐，我們的祖先恐怕早就跳河上吊自殺了。

也許有人會覺得，如今太平盛世，沒有壓在頭上的「三座大山」，也不用擔心反抗會奪走性命，再加上自由社會，誰也不用奴役誰，誰也不用顧忌誰，再談「忍耐」，豈不是白白吃虧？

其實對今人來說，忍耐這門學問更為高深，尤其是在盛怒之下，如何才能抑制住一時的頭腦發熱，怎樣才能限制住沒有尺度的思想，不讓事態擴大化，無疑是每個人都夢寐以求的結果，只可惜能做到的人寥寥無幾。

街頭巷尾，我們往往會發現這樣的鏡頭，你的自行車撞到了我的腿，我走路不小心踩到了你的腳，排隊時爭相推搶，上車後你推我搡……

「衝動是魔鬼。」如果沒有「忍」字當頭，只要一方出言不遜，立刻就怒目相對，彷彿不共戴天的仇敵，一有得失，馬上惡言相向，甚至大打出手。人與人之間的衝突在所難免，有很多的口角和爭鬥，皆出於雙方的不肯忍，不願忍。而這些雞毛蒜皮的小事，即便退讓一步也不會吃多大虧，有時反而能為自己贏得讚揚，獲得先機。

某天，正在行駛中的公車上有個男青年往地上吐了口痰，年輕的女售票員客氣地對他說：「您好，為了保持車內的清潔，請不要隨地吐痰。」原本是一句奉勸的話，沒想到男青年聽後不僅沒道歉，反而破口大罵，說出一連串不堪入耳的髒話，又狠狠地朝地上連吐了三口痰。

女售票員氣得臉色漲紅，眼淚在眼圈裡打轉，車上乘客議論紛紛，有為售票員打抱不平的，也有跟著起哄看熱鬧的，有人竊竊私語：「快告訴司機報警，免得一會兒在車上打起來。」

沒想到女售票員定了定神，平靜地對大家說：「沒什麼事，請大家回座位坐好，以免摔倒。」然後從口袋裡拿出紙巾，彎腰將地上的痰跡擦掉，扔進了垃圾箱，若無其事地繼續賣票。

車上的乘客看著售票員做完這些後，眼神中開始充滿了敬意，車上頓時變得鴉雀無聲，男青年的舌頭也突然短了半截，臉上不自然起來，車到站還沒停穩，他就迫不及待地下了車。

生活中，這樣的不平恐怕哪個人都會遭遇幾次，誰都會碰到些不講理，甚至心存惡意的人，有時還會無緣無故地遭到欺負和辱罵，這時，我們往往都會覺得忍無可忍，不惜大打出手。但如果真的這樣做了，氣是出了，但說不定就會招致其他禍端，給自己帶來不必要的麻煩，正如詩中所說：「忍字頭上一把刀，遇事不忍禍必招；如能忍住心中氣，過後方知忍字高。」

當然，忍耐只不過是種妥協和策略，在必要的時候讓你逢凶化吉，但這並非屈服或投降，人生不能不忍耐，但如果一生當中什麼都忍，也並非好事。為了不讓人性承受扭曲和侮辱，必要的時候，我們還要遵循另一種人生哲學，那就是：該出手時就出手。

知足常樂

古人的快樂心理學

一天，小豬問媽媽：「媽媽，人們都說要尋找幸福，幸福究竟在哪裡呢？」媽媽笑著告訴牠：「幸福就在你的尾巴上。」

小豬高興地跑開了，不一會兒，又沮喪地跑回來：「媽媽，媽媽，為什麼我總也抓不住它呢？」

「傻孩子，為什麼非得抓住它呢？你放心地往前走，幸福會一直跟在你身後。」

如今，越來越多的人開始尋找幸福，有些人終生尋覓，卻最終一無所獲，那什麼才是幸福呢？當然是每天快快樂樂，心中充滿歡愉。那麼如何才能每天都快樂呢？就是要知足。古人告訴我們，只有「知足」才能「常樂」。

「知足常樂」是一種無上的智慧，也是古人的快樂哲學，這是中國古代人所特有的境界。想要獲得滿足和快樂並不難，不用每天孜孜不倦地追逐，也不必終日奔波勞苦的探索，就像那隻小豬，總想抓住幸福，累到筋疲力盡，卻兩手空空。如果內心滿足，放心向前，幸福就會緊隨其後。

有些時候，幸福的內涵很難確定，誰也不敢保證美國的千萬富翁會比臺灣鄉村的農民生活得更幸福自在，為什麼呢？原因就在於誰更知足。因為知足才能心境平和，待人和藹可親，微笑自然而成，所謂相由心生，說的正是這個道理。有人儘管一日三餐粗茶淡飯，卻能享受天倫之樂；而有人雖然腰纏萬貫，一擲千金，卻惶惶不可終日，總想得到更多。很顯然，知足或不知足，人生狀態截然不同。

是否知足其實也和慾望有關，有個詞叫「慾壑難填」，慾望就像一道深淵，不管你有多大能耐，一旦陷入這個怪異的循環中，就再也不會知足，人生也就再沒有快樂可言。

當然，你我皆凡人，不可能真的就無慾無求，那該怎麼辦呢？這就要看慾望的大與小了，知足的人，能將慾望當成可大可小、可有可無的東西，自己所預期的事只要能實現一點，就自覺福分不淺，即便無法實現，也毫不在意，放棄或轉移到其他方面就是了，日子照樣過。而不知足的人，慾望強烈，想要的就一定得得到，得不到則鬱鬱寡歡，得到後還想更多。殊不知，慾望這東西，有時也許會帶來些許利益，但更多的卻是災難，甚至是殺身之禍。

富有的帕霍姆一直不滿足現狀，為了得到更多的土地，他向巴什基爾人買地，巴什基爾人的首領告訴他：「我們這裡的地不是一畝一畝的賣，而是一天一天地賣，也就是說，在這一天時間內，你能圈多大一塊地，它就都是你的，但如果日落前你無法回到起點，你的銀子歸我，你什麼也得不到。」

第二天，帕霍姆很早起床，大步往前走，他覺得每塊地都很好，丟掉可惜，於是一直向前走。到了中午，天氣開始燥熱，滴水未進的他有些虛脫，但仍沒有停止腳步，心裡想著：「快走，快走，辛苦一時，享用一世。」

又走了很遠，他抬頭看看太陽，已經是下午了，再不回去太陽就下山了。這時他早已筋疲力盡，回去的路上越走越吃力，但為了不讓銀子白白損失，他還是不斷加快步伐。

就在太陽即將沉入地平線的一剎那，距離出發點不到一米的帕霍姆使出了最後力氣向前衝，終於趕到了時間之內，但卻是口吐鮮血地躺在了終點。僕人走過來發現他死了，就在地上挖了個坑，將他埋在了裡面。

可憐的帕霍姆用盡一生力氣圈了望不到邊際的一片地，最後所需的卻只有和他身材大小的一塊地。

當然，你可以只把它當成一則故事，但也能將它套用在現實中，仔細觀察。相信你不難發現，在現實生活中，有很多人都在不自覺地走上帕霍姆的老路，貪婪讓他們總想得到更多，但命運弄人，往往讓這些人在得到的時候，瞬間失去所有。

不可否認，並非所有不知足的人都會遭遇這樣的下場，更多的人則抱著財富、名利孜孜不倦，徘徊在快樂之門外，卻總也跨不進去，最終鬱鬱寡歡，度過患得患失的一生。

快樂和煩惱的轉換不過一念間，甚至有時只需換個角度，降低一點期望值，就能讓自己滿足。而知足則正是降低人生快樂成本的有效方法，只要你懂得知足，適可而止，只圈出自己能夠駕馭的土地，讓不該屬於自己的自生自滅，快樂就會如影隨形。

三十六計走為上

失敗並不可恥

在影視劇中，我們常常會看到這樣的場景：戰爭到了一定程度，損失慘重的一方會有謀士跑出來，提醒將領：「將軍，三十六計，走為上計。我們先退兵吧，留得青山在，不怕沒柴燒。」

此時，聰明的將領必定會聽從謀士的建議，令手下將士先行撤退，暫時保住性命，回去休養生息，以求再戰；但也有些視死如歸的將領，才不聽這一套，不爭得魚死網破絕不罷手，直到不剩一兵一卒，最後不得不拔劍自刎或被迫當俘虜，再也沒了下文。

也許有人會說，必要的時候，拼死一戰說不定也會有轉機，如果對方怕了這陣勢，說不定先敗走了呢？

可惜幸運並不是什麼時候都能降臨，敵強我弱，以一敵百，拼死一戰，最終取得全勝，這樣的場景只會在文人筆下才會出現。現實中，以弱勝強固然存在，但這種勝利，都必須建立在完美的謀略之上，硬碰硬肯定是不行的，打不過的時候，最好的辦法莫過於跑路。只有留得性命，才能有機會扳回來。

提起《三十六計》，大多數人都不會陌生，因為它曾被譽為兵家最重要之參考書，其中凝聚著無數古代軍事家的智慧，也是所有計謀的最佳總結。但很有意思的是，「三十六計，走為上。」並非出自這本兵家寶典，始作俑者是南朝劉宋的大將檀道濟：

在一次和北魏軍作戰的時候，因為糧草不濟，陷入困境，檀道濟苦思冥想，最後演了一齣「唱籌量沙」的戲，最終全軍而退，也因此獲得了足智多謀的盛名，而「走為上策」，也成了他的「成名作」。

有些人每當談到這一事件，總會認為檀道濟這樣做是不負責任的行為，以為他是因為膽怯而逃跑的，但實際上並非如此，他的「走」，並不是落荒而逃，更不是扔下不管，而是做出暫時的退讓。這種情況下的「走」，其實是為了保存實力，主動的撤退。

在三十六計當中，所有的計策都指向了同一個目的，那就是取勝。這其中三十五計都是為了求勝，而只有敗戰計中的最後一計——走為上，無法達到取勝的目的。在前面諸多計謀都無濟於事的前提下，為了保存實力，以圖東山再起，睿智的軍事家都會選擇這一計，因為只要留得青山在，日後就能有機會扳回來。

《射鵰英雄傳》中有個小橋段讓人記憶猶新：因為知道郭靖的脾氣倔，眾師父在與他分別時，千叮囑萬叮囑地不放心，到了南茜仁，一貫惜字如金的他只說了四個字：「打不過，逃。」這話算是說到了點子上，對一向「打不過，加把勁」的郭靖來說，他剛出道的那點功夫，如果死死地「咬定青山不放鬆」，肯定就把小命賠進去了。

其實這條計謀不僅在戰場和江湖中有用，生活中，它同樣「放之四海而皆準」。一件事眼看就要失敗，是一條道走到黑，還是停一停，思考一下，換個方向；某個決策，既然已經有了失敗的跡象，是一賠到底，還是及時剎車，找找原因，伺機而動；一場比賽，眼看被對方殺的片甲不留，是賭氣火拼，還是暫時退場，養精蓄銳，以求扳回一局……

睿智的人無疑都會選擇後者，在遇到不利形勢時，為避免無謂的損失，採取躲避的策略，保存實力，以退為進，為人生多留一個後路，也為自己多存一份勝算。

己所不欲勿施於人

換位思考才能贏得人心

這是一個發生在非洲某國的真實故事，那個國家是白人執政，因為實施了「種族隔離」政策，在某些白人專用的公共場合，是不允許黑人進入的。同時，白人也不願意和黑人來往，認為他們是低賤的種族，避之唯恐不及。

某天，一個長頭髮的白人小姐在沙灘上曬日光浴，太陽暖洋洋的，她一不小心就睡到了太陽落山。她覺得肚子有些餓，就走進沙灘附近的一家餐廳。推門進去後，她選了張靠窗的桌子，坐了大概十五分鐘，卻沒有一個侍者過來招呼。

白人小姐眼看著那些侍者忙著伺候比她來得更遲的顧客，卻對她置之不理，十分憤怒，想走向前去責備那些侍者。但當她站起身來，想往前走時，卻突然發現眼前有面大鏡子，她看看鏡中的自己，眼淚不由得奪眶而出。原來，她被太陽曬黑了。

某哲人曾做過這樣一個比喻，他說人與人之間的關係，如同磁鐵，每個人都會吸引和自己思想相近、志同道合的人，排斥其他不同類的人。也就是說，如果你想結交仁慈、慷慨、和善之人，自己也必須成為那樣的人才行，想得到別人的善待，自己首先得善待別人，也就是所謂的「種瓜得瓜，種豆得豆。」

實際上，這一理論孔子早就發現了，他的解釋是：「己所不欲，勿施於人。」自己不喜歡做的事情，就不要讓別人去做，自己對他人的言行感到不滿，就別以那樣的言行對待別人。我們所常說的「推己及人」，其實也是同樣的道理。

在被任命為治水負責人之前，大禹剛和一個塗山氏的姑娘結婚，新婚燕爾，誰願意把嬌妻放在家裡，去做這份吃力不討好的苦工？但當他想到將要有人被水淹死的時候，心裡頓時像自己的親人被淹死一樣痛苦，於是他告別妻子，率領27萬治水的人，日以繼夜地展開疏導洪水的工作，這一走就是13年。治水過程中，曾三過家門而不入，最終疏通了九條大河，消除了水患，完成了流芳萬古的偉大事蹟。

到了戰國時代，一個名叫白圭的人在跟孟子談到此事時，誇口說：「當時要是讓我來治水，肯定比大禹做得好，而且根本用不了這麼久，只要把河道疏通，讓洪水流到臨近的國家不就行了？還不就能早點跟家人團聚了嗎？」

孟子聽完不客氣地說：「你錯了！有仁德的人是不會這樣做的，暫且不說你把鄰國做為聚水的地方，造成水患，貽害一方的事，假如有天洪水積滿，倒流回來，豈不是會造成更大的災害嗎？」

從這兩種截然不同的處事方式中我們不難看出，白圭這種只為自己著想，不考慮別人的想法，難免會害人害己，而大禹不辭勞苦地將洪水引入大海，儘管費工費力，卻既能讓本國長治久安，又能消除鄰國的隱患，這種推己及人的精神，值得讚賞。

人們常說：「防人之心不可無，害人之心不可有。」除了不能有害人之心，其實還要注意一點，那就是待人處事，一定要留有餘地，無理要讓人，得理也不能不饒人，做事不能做得太絕。

紅頂商人胡雪巖的故事，很多人都聽說過。這個大商人之所以會取得如此成就，與他一直崇尚「前半夜想想自己，後半夜也想想別人。」有著很大關係。他深諳一個道理，為別人著想，其實很多時候正是為自己鋪平道路，無論你所收穫的是人心還是利益，在你為別人著想的時候，這份善果就已經種下了。

當今社會競爭日益激烈，所謂商場如戰場，生意場上，很多人往往希望將對方置之死地而後快，甚至不惜代價。殊不知，這樣做的結果並不盡如人意。儘管生意場上沒有永遠的朋友，但絕對不會有永遠的敵人，無論當時的競爭多麼激烈，競爭過後都會有聯合的可能，「見面」的機會也總會出現。所以生意場常常有人提起這句話：「留人一條活路，等於給自己留一條財路。」

其實不僅生意場，各行各業，工作、生活，做事時都不能只想著自己，還要為別人考慮，體諒他人難處，為他人分憂。

三思而後行

事情落實前要做好思想的「功課」

美國加州有個男人嗜車如命，他用多年的積蓄買了一輛卡車，並且經常為這輛車做全套保養，以保持美觀。一天，他外出購物，三歲的女兒獨自在草地上玩，百無聊賴中，拿著撿來的石子在父親的卡車鈑金上劃下了一些刮痕。男人回來後怒不可遏，想也沒想就用鐵絲將女兒的手綁了起來，讓她在車庫罰站，自己則回屋生悶氣去。

當男人再次想起小女兒在車庫罰站的事情，已經是四個小時以後了，他跑到車庫時，小女孩的手已經被鐵絲綁得血液不通。他連忙將女兒送往醫院，醫生說因為血液不通的時間太長，手已經壞死，只能截掉，不然就會危及生命。就這樣，可憐的女孩失去了一雙手，她無辜的眼神讓男人萬分愧疚。

半年後，當男人從悔恨中掙脫出來，將卡車開進維修廠重新烤漆回來時，女孩天真無邪地跑過來說：「爸爸，你的卡車真漂亮，看上去就像新的一樣。」然後伸出那雙截斷的手，問他：「可是你什麼時候把我的手還給我呢？」

聽了女兒的話，男人淚流滿面，當著她的面飲彈自盡。

這個悲劇性的故事不能不讓我們扼腕嘆息，如果女孩的父親在盛怒之下能夠稍做冷靜，這一切都不會發生。假如他能夠再多想一步，孩子的兩隻手和親生父親都不會失去，還是其樂融融的一家人。可見，「三思而後行」是多麼的重要。

很多時候，我們在做一件事之前，往往無法預料結果，第一感覺也常常拿捏不準，你所認為正確的未必是對的，你所做的努力也許是無用之功，與其貿然行事，倒不如靜下心來好好想想。尤其是遇到重大問題時，更要進行全方位的考慮，多想、多聽，以求萬全之策。

所謂三思而後行，就是想好了再做，它還說明了一點，那就是對自己的人生做好規劃。只有知道自己想做什麼，要做什麼，如何去做，然後樹立正確的方向，做出正確的判斷，規劃正確的路徑，成功的機率才會更高。

有位成功的勵志演說家在世界各地享譽盛名，每次演說總會有成千上萬的人前去聆聽，但他剛剛出道的時候並不風光。因為常常在演說中說錯話，被人戲稱為「快嘴男」。苦惱的演說家很想改變這種狀態，但每次演說的時候，很多話往往不經大腦地噴湧而出，使他後悔不迭。

一次，他去拜訪一位智者，請教他如何才能不說錯話，但智者幾次開口，都被他不自覺地打斷。他越是迫切地想知道如何解決，越是得不到答案。經過半個多小時的交流，智者發現，這個人最大的問題就是不思考。無論是不是想好，也不管對方的話是否說完，總想迫不及待地表達自己的觀點，而這些觀點往往是錯誤的。智者轉身在紙上寫了一句話，摺成紙條，遞給了演說家，讓他回去再看。

演說家不知智者葫蘆裡賣了什麼藥，回到家迫不及待地打開來看，發現只有九個字：少說、多聽，三思而後行。演說家想到自己在智者家裡的表現慚愧不已，經過艱難的克制，他終於改掉了自己的毛病，成為受人追捧的著名演說家。

當然，一味地三思，有時也未必是好事。鮑威爾曾這樣說過：「在做決策的時候需要在掌握40％至70％資訊的時候做出你的決策。資訊過少，風險太大，不好決策；資訊充分了，你的對手已經行動了，你就出局了。」

無可厚非，在這個快速多變的社會，稍微一猶豫，機會很可能會轉瞬即逝，但與之相對的是，如果不思而行，貿然行事，承擔的風險恐怕很大，甚至會全盤皆輸。因此，想讓自己始終處於不敗之地，就必須要學會：該三思時，一定三思，該決斷時，絕不猶豫。

人生七十古來稀

傾聽老人的智慧

唐朝時，有這樣一個規定，官員七十致仕，也就是說在朝為政的官員，只要到了七十歲就可以退休了。這個制度看起來無懈可擊，但細細想來，依據古代人的醫療水準，缺乏高端的醫療設備、精湛的急救措施，能活到七十歲的人並不多見，這也是「人生七十古來稀」的真實寫照。而這句話，多少有些感嘆人生到了七十晚景淒涼的味道。

當然，除了感嘆，這句話中還包含著對長者的尊敬，對老人來說，活到了「古來稀」的歲數，實在是件值得驕傲的事情，只不過年齡並不是資本，閱歷才是他們跟年輕人比拼的「利器」。不能不承認，一句「我走過的橋，比你走過的路都多」就足以讓很多年少者閉嘴。這些「橋」，當然是指他們豐富的經驗和閱歷，我們不能不承認，有時老人的一句話，會讓我們少走很多彎路。

有些年輕人也許對此不屑一顧，認為老人的反應慢，身體素質不強，有時還會扯後腿，倚老賣老，不討人喜歡。實際上並非如此，這些經歷過人生風雨的老人，儘管已經退出了社會舞臺，卻也並非一無是處。有時，反而會給予你生命的啟迪。

商人湯姆有個年邁的父親，每天都要由保姆照顧起居。因為工作忙，湯姆很久沒有跟父親交流過，連給父親打招呼的時候都很少。

一天，愁容滿面的湯姆沮喪地回到家，茶飯不思，看到獨坐窗前的父親，突然有了說話的慾望，就對他傾訴道：「父親，現在我的生活很富有，但每個人都對我橫眉冷對，為什麼我的生活就像一場充滿爾虞我詐的廝殺呢？」

父親像是睡著了，湯姆很失望，轉身要離開，父親說：「只要你先停止，廝殺就不會再繼續了！」父親的話讓湯姆很難理解，他暗想：「父親肯定老糊塗了，不去廝殺，說得容易，我拿什麼養家糊口？」然後憤憤地走開了。接下來的幾個月，他的情緒越來越糟，逐漸心力交瘁，再也沒有經營下去的力氣了。

半年後，湯姆的生意遭遇了挫折，幾乎失去了所有家當。當他無力地推著沉重的雙腿回到家時，又看到了父親沉思的背影。

「父親，我現在兩手空空，一無所有，非常無助，您說，生活為什麼總是充滿著悲傷呢？」

「不去悲傷，就不悲傷了！」湯姆早料到父親說不出什麼安慰的話，但這次他並沒有生氣，而是靜靜地坐在了父親身邊。因為公司破產，他再也不用四處奔波，不用每天忙於事業，開始有了更多和父親獨處的時間。

某天，他悲從心來，嚎啕大哭起來，父親靜靜地坐在一邊，輕輕地拍他的背，像小時候一樣。他抬起頭問父親：「我到底應該怎麼辦？」

父親抬頭看看天，微笑著說：「孩子，一覺醒來又是新的一天，你沒發現太陽每天都照常升起嗎？」父親的話讓湯姆重新振作起來，他的生活也開始出現新的轉機。

常言道：「不聽老人言，吃虧在眼前。」這並不是空穴來風，根據美國最新研究，這句話確實有道理，因為無論是處理人際衝突，還是接受生命無常，乃至變化多端的世界態勢，老人都更具智慧。

蘇格拉底也說：「到了肉眼開始矇矓的時候，心眼才銳利起來。」

老人的智慧，在於他們更容易發現每個人不同的特點，更坦然地接受生命的無常，更迅速地接受時間變化的事物，更謙遜地接受他人的不同觀點；老人的智慧，在於他們擁有更多的社會閱歷，更久的思考時間；老人的智慧，還在於他們看待事物的淡然和透徹，以及伴隨著年齡而來的境界。

向老人學習，傾聽他們的智慧之言，借鑑他們成功的經驗，不僅能讓身為年輕人的我們少走彎路，更能獲得人生難得的啟迪，生活得更加美好。

忠言逆耳利於行

別人的忠告是一劑「良藥」

人的一生總會有生病的時候，生病了就得吃藥，而藥大多是苦的，有些甚至難以下嚥，只能捏著鼻子痛苦地吃下去。但只要你吃下藥，幾天之後就會發現，病情開始有了好轉，身體也漸漸恢復了健康。

這一切都得歸功於那個曾經讓你緊皺眉頭的藥，如果當初為了一時的難以忍受不去吃，病情能那麼快好轉嗎？你能迅速獲得康復嗎？當然不能。

人生在世，很多時候也會遭遇「生病」，有時是因為犯了錯誤，有時則是因為一意孤行，此時，如果有人給你遞過來一劑「藥」，站出來告訴你，哪裡做錯了，為什麼不能這樣做，應該怎樣才對，你是感激他，照他的話去做，還是轉頭就走，不肯接受這劑「藥」呢？

有位百戰百勝的將軍，他熟讀《孫子兵法》，對歷代陣法也頗有研究，打起仗來更是英勇無敵，二十多年都從沒失敗過，有些敵軍一聽到他的名字便聞風喪膽，落荒而逃。

這位將軍麾下有個足智多謀的軍師，每次帶兵打仗，軍師總會伴他左右，為他出謀劃策，每次他遇到難以解決的問題時，這位軍師也總能想出相應的錦囊妙計來，為他分憂解難，度過難關。從某種程度上來說，將軍的不敗紀錄，很大程度上要歸功於這位軍師。正因為此，將軍對軍師十分敬佩，對他也是言聽計從。

一天，將軍和軍師在府中開懷暢飲，突然接到聖旨，說鄰國有敵軍來犯，令將軍帶兵出征，將軍不敢怠慢，立刻點齊兵馬準備出發，他對軍師說：「對這些烏合之眾來說，我一個人就夠了。先生已經年邁，也該好好休息一下了，這次別去了。」軍師放心不下，還是跟他一起去了前線。

兩軍對戰，將士們不費吹灰之力就把敵人打得落荒而逃，首戰告捷，將軍自然高興地嘴都合不攏，大擺酒慶賀。軍師卻似乎並不開心，將軍問他何故，軍師說：「你不覺得這仗打的很蹊蹺嗎？我們從來沒有這麼輕鬆地取得過勝利，敵軍既然來犯，必定來勢洶洶，但我感覺他們似乎都無心戀戰，我覺得他們今夜一定會來偷襲，還是小心為妙啊！」

將軍聽了軍師的話，驚出一身冷汗，連聲囑咐下屬晚上提高警覺，等待偷襲。不料整整一晚上過去，一點動靜都沒有，將軍的臉色由紅變白，又由白變灰，最後鐵青著臉看著軍師，一句話都沒說。晚上他提議飲酒，軍師依然反對：「古語云，兵不厭詐，我們還是要小心為妙，不如輪班站崗吧！」將軍勉強聽了軍師的話，但這一夜，依然平安無事。

第三天一早，敵軍那邊依然沒有動靜，將軍哈哈大笑：「敵人被我嚇破了膽，再也不敢來了，今夜我們終於可以放鬆了！」當晚，軍師又來勸阻，將軍毫不客氣地說：「我說了叫你不要來，你偏來，來了還給我扯後腿，趕緊歇息去吧！要不然你一個人守夜，哈哈哈！」

軍師受了將軍的當眾羞辱不僅沒有生氣，還是努力地說服，希望將軍回心轉意，但將軍卻拋下他跟將士們飲酒去了。無奈的軍師只好帶著為數不多的幾個士兵看守營寨去了。

半夜時分，敵軍果然來襲，以迅雷不及掩耳之勢佔領了將軍的大營，很多將士還在沉醉中就丟了小命，軍師也終因寡不敵眾戰死。

看到潰不成軍的下屬，將軍抱著曾與自己生死與共的軍師放聲痛哭：「我一生從未有敗績，這次偏偏大意，卻還不聽忠告，落得如此地步，我還有什麼顏面回去？我還是到地府向你請罪吧！」說完拔出佩劍自刎了。

最早提到「忠言逆耳」的，是兩千多年前的韓非子，兩千多年來，歷朝歷代無數名人志士都在不斷印證這個道理。時至今日，在這個資訊爆炸的時代，我們更要踐行這個道理，正確對待別人的意見和批評，因為別人的忠告，無論聽起來多麼不舒服，都是一劑「良藥」。

人非聖賢，孰能無過？每個人在個性或為人處事上，總難免出現一些疏漏，不可避免地犯錯，這個時候，如果有人指出我們的缺點，我們都應該感激不已。所謂朋友之道，最珍貴的莫過於直言不諱，勸導忠告。

正如瑞士作家希爾泰所說：「忠告如雪，下得越靜越長留心田，也越深入心田。」

第貳章 有關家庭的二十個觀念

家庭和，萬事順

家和萬事興

家庭和睦是事業的基礎

某個媒體曾經報導過這樣一件事：從事書畫行業的老人，去世前留下了兩份遺囑，將價值上百萬的財產和房子贈予了照料他多年的保姆，他的兩個親生女兒為此和保姆對簿公堂。經過了解，法院理清了整個事情的來龍去脈，原來，吳姓保姆從八年前開始服侍老人，還向老人學習字畫裝裱手藝，待老人如親人一般。兩人相依為命地生活多年，而老人的兩個親生女兒從出嫁後就再也沒照顧過父親，甚至過年都沒想到要看老人家一眼，直到老人去世前十多天，才到醫院看望。但目的卻並不是為了照顧老人，而是索遺產。

對親生女兒失望之餘，老人手寫遺書一份，寫明將所有財產贈給保姆，同時在公證處公正了一份將住房一間贈給保姆的遺書。這讓他的親生女兒感覺接受不了，就將保姆告上了法庭。

宣判結果暫且不提，但這一事件卻讓人感慨，老人在寫下遺囑的時候，該是多麼的傷心，內心有多麼淒涼，兩個女兒爭奪遺產的時候，有沒有想過老父親臨終前的感受？都說骨肉最親，為什麼一直守在親人面前的，竟然是位保姆？

自古以來，很多聖賢都提到過「家和」的概念，一家人和和睦睦，母慈子孝，其樂融融，日子才能過得好。在晚清四大譴責小說之一，由吳研人編寫的《二十年目睹之怪現狀》中，曾提到這樣一句話：「大凡一家人家，過日子，總得要和和氣氣。從來說：『家和萬事興』。」

現實生活中，想做到「家和」其實並不容易。如今，自我膨脹，物慾橫流，人心浮躁，道德淪喪，出現了種種因為金錢而引發的衝突，夫妻不和、兒孫不孝，居然演變成了普遍的社會現象，這不能不讓人沉思。很多人都忘了，只有家庭和睦，一家人和樂融融，生活才能有目標，事業才能蒸蒸日上。

俗話說，不是一家人，不進一家門，想好好過日子，就得一團和氣，相互扶持，相互關懷，只有這樣才能讓生活充滿陽光，滿懷溫暖。

某社區優秀家庭評選中，有位家庭以全票勝出，因為這個家裡的每個人都覺得自己的日子是最好的。說起來這應該是個極其特別的家庭，因為他們家八口人，能養家糊口的只有夫妻倆，上面是四位老人，兩位九十多歲，兩位六十多歲，底下是一對六歲多的雙胞胎男孩。

照理說家庭重擔那麼大，壓力肯定不小，生活的幸福指數也高不到哪裡去。但出乎所有人預料的是，他們的日子過得十分美滿，母慈子孝，其樂融融。

當人們讓兒媳婦傳授幸福秘訣時，她笑著說：「在這個大家庭中，我一點也不覺得累，反而每天都很開心，爺爺奶奶雖然已經耳聾眼花，卻懂得體諒兒孫輩的辛苦，很少添麻煩；白天我們上班，父母幫我們帶孩子，晚上還幫我們做好飯，這讓我們十分感激；丈夫善解人意，積極進取，不時能在報紙上發表短文，讓我覺得很自豪；孩子們都很聽話，剛上國小一年級，成績優良。

衝突當然也有，勺子哪有不碰鍋的？再小的家庭也是一個小型社會，出現摩擦很正常，就連晚飯吃什麼，去不去逛街，電視要看哪個頻道有時都會產生分歧，更不用說在子女教育、父母贍養、購房買車、社交等的大事上了。但無論什麼事，只要出現分歧，我們都會積極地想辦法解決，一家人一起想辦法，問題自然就不存在了。你說這樣的日子不叫幸福，還有什麼叫呢？」

確實如此，真正意義上的家和並不是沒有問題，而是善於解決問題，只要是在尊老愛幼的基礎上，凡事大處著眼，小處著手，求大同，存小異，在大方向一致的前提下，相互退讓，彼此遷就，「家和」就不再是件難事。也只有生活在這樣的家庭中，每個人才能幸福快樂，相依相伴。

百善孝為先

父母的恩情深似海

前段時間，在某個遊戲網站曾貼出這樣一篇標題為「賈君鵬你媽媽叫你回家吃飯」的文章，內容空洞。讓人頗感意外的是，在短短一天時間裡，這個平淡無奇的文章居然被「頂」了近7000頁，有近20萬個回應，點擊量居然超過450萬，並且始終呈增長趨勢。

我們暫且不說這個文章背後推手的問題，也暫不提它炒作的意義是什麼，從新聞中我們得知，這個名叫「賈君鵬」的孩子常常因為沉迷網路遊戲不回家，每次吃飯都要讓媽媽四處尋找。這次他的媽媽找不到他，只能求助別人在他經常玩遊戲的網站發文，轉達自己的話。

不能不說，這是一種悲哀，這個「賈君鵬」，不僅讓媽媽操碎了心，還成了不孝的典型。

其實，這並不是個案，仔細觀察不難發現，在我們周圍，這種孩子數不勝數，因為貪玩不回家吃飯，翹課、曠課，讓父母擔心不已，上學不好好學習，畢業不好好工作，在家生活不能自理，在外不讓家長放心……

在古代，這些都是很少發生的。在中國傳統文化中，孝從來都是十分重要的一點，中國有句古話叫做：「百善孝為先」，意思是說，孝順父母，孝敬長輩在所有美德中是佔第一位的，一個人如果連孝順父母都做不到，其他美德就更不用談了。

在清朝王永斌的《圍爐夜話》中這樣寫道：「百善孝為先，萬惡淫為源。常存仁孝心，則天下凡不可為者，皆不忍為，所以孝居百行之先；一起邪淫念，則生平極不欲為者，皆不難為。」

在古人眼中，一個人只有首先孝順老人，尊敬老者，才能鍛造出良好的品格，最終成就大器。所以，從嬰孩呱呱落地開始就會被教導要以父母為尊，以孝順為己任，無論年齡大小，都必須尊崇孝道。也正是因為此，古人中湧現出無數以孝道著稱的人。

在孔子的眾多弟子中，有個名叫子路的人，以勇敢聞名，是孔子弟子中比較著名的一位。子路小的時候家裡很窮，長年依靠吃粗糧野菜等度日。有一次，年邁的父母想吃點米飯，但家裡一點米也沒有，這讓一向孝順的子路一籌莫展。他想，如果去親戚家借點米，不就可以滿足父母的這個要求了嗎？就起身前往親戚家。

這家親戚距離子路家非常遠，要翻過好幾座山，當時又沒有如今這般便利的交通，況且家境窘迫的子路，根本沒有任何交通工具。於是，子路翻山越嶺走了幾十里路，從親戚家背了一小袋米，看到父母吃到了香噴噴的米飯，一身疲倦的他頓時忘記了辛苦。

但總借別人家的米也不是辦法，子路便想到了外出打工。但當時有著這樣一個說法，那就是：「父母在，不遠遊。」近處的好工作當然不好找，從那時起，他開始四處幫人做零工，賺到錢就到百里之外的市集買米回來，煮給父母吃。直到他們去世，子路才背上行囊去遠方尋找自己的發展。

回到現代，想想我們的父母、晚輩，很多人為了工作長年累月不探望父母，甚至連電話也不打，只顧自己不照顧父母，到父母臨終前才跑來爭家產……

為什麼會出現這種情況，追根究底，和教育有著很大關係。如果說父母疼愛子女在相當的程度上出於天性，那麼教孩子孝道則是一種人文教育，是後天教化的結果。相信只要從小注重教導孩子對養育之恩的報答，讓孩子體會到父母的艱辛和苦心，「百善孝為先」的古訓會慢慢回歸到現代人心中，孝敬尊長的傳統美德也會重新散發出光輝。

不孝有三，無後為大

既是香火繼後，也是養兒防老

古人眼中，不孝的行為有三種，第一種是一味順從父母，在父母犯錯的時候不加提醒勸說，任由發展，使他們陷於不義；第二種是家境貧寒，父母年邁，身為人子卻不去謀取官位功名以贍養父母，讓父母受罪；第三種則是不娶妻生子，斷絕後代，沒有人繼承香火。

古人認為，這三種不孝當中，不娶妻生子，使家族的香火斷絕是最為嚴重的不孝，也就是孟子曾在《離婁上》中提到的：「不孝有三，無後為大。」

人的生命是有限且短暫的，而人類的歷史則生生不息。上輩子無法完成的事情，指望著下輩人甚至千百代以後的人完成，讓先人不再遺憾；上一代的遺憾和錯誤，也寄希望於下一代人來彌補。這樣一來，就把「傳宗接代」當成人生的重大課題。

當然，後代的好處不勝枚舉，往小的方面說，他們是香火的延續，「防老」的主要人選，往大的方面說，是造福國家和種族的功臣，但這種傳統觀念，有時也並不完全是對的。

長期以來，在傳統的多子多福、養兒防老的觀念之下，誰家沒有男孩連頭也抬不起來。如果沒有孩子，更是會被人說成「絕戶」，備受鄙視。也正因為此，很多人不惜一切代價，生不出兒子絕不甘休，有些家庭甚至擁有七、八個或更多孩子。

難道人們不知道生兒養女的艱辛嗎？為什麼還要生那麼多孩子？因為在傳統的農業社會，農民除了種田打工，沒有退休金，更沒有養老保障，嚴重的危機感讓他們時刻恐懼不安，於是將「養兒防老」當成了唯一選擇，並還夢想著「說不定將來哪個能有所出息，讓自己也享享福。」為此，很多人不惜採取「廣種薄收」的辦法，希望能在眾多子女中「得濟」。

但事實卻是，這些多出來的孩子，非但不能滿足他們的夢想，還讓他們付出了更多的辛勞，過去的養兒防老逐漸演變成了養兒啃老，能和自己相依為命的只有老伴，難有兒女，過去的「無後為大」，如今卻成了「後顧之憂」。

既然如此，是不是不要孩子，或少要孩子就能解決問題？當然不是，千百年來，養兒防老的古訓始終延續，想讓這一古訓真正實施，而不是變成「養老防兒」，除了傳宗接代，教育必不可少。生只是延續香火的途徑，而養不僅能恩澤後人，還會讓長輩受益。

此外我們還需注意，所謂傳宗接代絕不僅僅是生物意義上的繁殖，生兒育女也並不是為了孝順。真正的孝順必須從我做起，而不是寄希望於後人，只有榜樣做得好，兒女才能防老。

男尊女卑

壓在女人頭上的一座大山

在中國五千年的文化中，有一個詞常常出現，那就是「男尊女卑」。如今，雖然「男尊女卑」不再醒目地放在前臺，男女平等的口號響徹雲天，「婦女能頂半邊天」的話題也隨處可見，但這種從祖先遺傳下來的說法，卻依然難以改變。男尊女卑的思想，依然很難從眾人心底袪除。

這種觀念究竟生成於何時，又是因為什麼原因才有如此巨大的力量，能夠在人們的思維中根深蒂固這麼多年的呢？

在遠古時代，曾經歷過這樣一個時期——母系氏族。在當時，女人當家作主，因為女人進行主要的生產活動——採集，供給所有人的生計。同時，女人可以生養孩子，因此母親受到尊重和崇拜。在當時，人們都知道自己的母親是誰，而不知道誰是父親，因為那時候實行的是母系繼承制及男嫁女、從婦居的制度。

對此，很多人不禁心生疑問，既然那時婦女的地位如此之高，怎麼會在後來的奴隸社會和封建社會，慢慢「沉淪」了呢？

這要從周朝之前開始說起，本來經過漫長的演變，由採集為主要生存方式的社會模式慢慢轉變，男子逐漸在主要生產部門佔據重要地位，而女人則漸漸退居次要地位。到了周朝，宗法社會形成，同時隨著社會生產力的發展，男子的地位逐漸提高，婚姻也開始由對偶制向一夫一妻制過渡，父權制隨家庭的出現而產生。相伴而來的，男尊女卑意識開始出現。隨後貴族階級開始實行多妻制，同時儒家禮教也對女子的行為做出了種種限制。

從那時候起，男尊女卑就開始愈演愈烈，時至今日，影響仍在。

隨著這種社會性大而化之的觀念，不僅男人覺得女人不行，「別跟女人一般見識。」「一介女流，能做成什麼？」就連女人自己也開始妄自菲薄：「我是女人，我能做些什麼呢？現在這樣已經很好了。」就連英國著名作家莎士比亞也這樣說：「女人，妳的名字是弱者。」

那麼是不是女人真的就成不了大事嗎？我們先不著急反駁，還是用事實來說話。

從古至今，雖然帝王將相中大多都是男人身，但女性的身影卻從未遠離，一代女皇武則天，出使西域的王昭君，臺前幕後遊刃有餘的蕭太后……

時至今日，隨著社會的進步，女人在社會上嶄露頭角的也越來越多，成大事的女人也是層出不窮：商界意氣風發的女精英；政壇上氣質高雅的女政要；軍營中英姿颯爽的巾幗英豪。即便再普通的女性，在家庭中也扮演著重要的角色。

由此可見，只要善於發現、培養和發掘，每一位女性都能找到適合自身優勢發展的土壤，也都能獲得不比男人低的成就。

沒有母親就沒有孩子，沒有女人就沒有人類，更沒有社會，世界文豪高爾基讚道：「沒有女人就沒有英雄。」女人不是什麼月亮，更不是水做的，男人能成的大事，女人同樣可以實現；男人能擔當的重任，女人也能。

當然，並不是每個女性都能隨便獲得成功，成功是需要很多條件的，它只屬於擁有真本事，能夠踏破荊棘的人。做為女性，只要充滿自信，不斷提升自我，不懈努力，就能最終破繭成蝶，光芒四射。

門當戶對

讓你的婚姻獲益良多

古時候，兩家人結姻緣必須要尊崇一個規定，那就是「門當戶對」，什麼是門當戶對？就是說你家的門要跟我家的門差不多規格，你家窗戶也要和我家的配套，這樣兩家人攀親才會平等，誰也不會瞧不起誰，誰也高攀不了誰。

不過，儘管古代等級森嚴，講究門當戶對，但也有例外，比如皇帝嫁女，天無二日，國無二君，一個國家只能有一個皇帝，如果一味遵循這個原則，那皇帝的女兒恐怕只能嫁到國外去了。

於是，無奈的皇帝只能退而求其次，將公主下嫁給王公大臣的孩子，也算是勉強履行了這一準則，但代價卻是結婚後小倆口並不幸福，公主驕橫跋扈，駙馬爺則戰戰兢兢。

當然，不門當戶對的婚姻，古代也不是沒有過。很多愛情經典故事，都被反覆傳誦，從《關雎》到《七仙女》、《梁祝》不乏動人的情歌和千古絕唱，叫人感受愛情的永恆魅力。

在這些故事中，下凡的仙女都會愛上一個窮人，最終兩人幸福的生活在一起。

遺憾的是，這些都只能出現在神話中。國外也有仙女下凡的神話，只不過那些仙女下凡後，愛的大多是白馬王子，而不是窮漢。因為國外的人知道，婚姻不只是浪漫的愛情，還要以豐厚的物質基礎做為前提。

這並不是說外國人有多勢利，而是告訴了我們一種現實，那就是王子只有和公主在一起才能幸福，達官只能和貴族結合才能錦上添花，一旦錯位，只能釀成悲劇。中國有句俗話也契合了這一點：「窮女嫁富男，如同花子拾金；窮男娶富女，如同賣身奴。」這讓我們不難看出，門當戶對確實是個相當明智的選擇。

當今社會，這個說法還能站得住腳嗎？很多戀愛中的青年男女，也許並不認同這個觀念，有人覺得，只要有愛情，什麼都不是問題，只要愛情堅貞，麵包會有的，牛奶也會有的，但事實並非如此。

柳韋成和王曦云是大學同學，柳韋成家在鄉村，父母祖輩以務農為生，而王曦云則出身書香門第，父母都是大學教師。最初兩人相戀，王曦云的父母提出過反對意見，但看兩人難分難捨，也就默許了這段感情。

畢業後，兩人順利地找到工作，婚也順理成章的結了，但問題隨之而來。柳韋成的父母得知孩子在城裡定居，非要搬來一起住，王曦云也很願意和公婆一起生活，但一段時間後，由於生活習慣的不同，分歧不可避免地產生了。

通情達理的王曦云最初因為顧忌公婆長輩的身分，只是偶爾對柳韋成提起，希望他們能慢慢適應城市生活。但半年過去，卻沒有任何改觀，王曦云只能和公婆攤牌，卻被婆婆大罵了一頓，說什麼以下犯上。王曦云向柳韋成求助，柳韋成卻一點也不認為父母過分，還動手打了她，寒了心的王曦云哭著跑回娘家，第二天就提出了離婚。

其實，所謂門當戶對，除了身分和貧富，更關鍵的一點在於兩人是否對等。很多事實證明，如果雙方在家庭背景、文化修養等方面存在較大差異時，即便突破重圍最終結合在一起，也很難獲得幸福。尤其在交流溝通、教育子女、持家治家、生活習慣、接人待物及前程設想等方面，分歧都會存在，甚至最終造成貌合神離、分道揚鑣的結局。這就像兩個不相干的齒輪被硬配在一起，結果永遠無法和諧相處。

有人說如今的婚姻實際上就是合併同類項，什麼是「合併同類項」，這和過去所說的「門當戶對」有著異曲同工之妙，意思是說只有雙方才（財）智相當，組成的婚姻才算圓滿，才能成為最大贏家。

可見，古人的經驗很有借鑑的必要。

中秋月團圓

再忙也要和家人團聚

提到中秋，幾乎所有人都會想到月餅，關於月餅的由來，還有一個有趣的故事：相傳元朝時期，人民不甘忍受蒙古人的殘酷統治，紛紛起義。朱元璋想聯合所有反抗力量，共同出擊，但元兵搜查嚴密，沒有傳遞消息的途徑。劉伯溫想到一個妙計，他讓王兆光製造甜餅，然後將寫著「八月十五日夜起義」的紙條藏在甜餅裡，再命人分頭傳送到各地起義軍中，通知他們八月十五日晚上回應。這個計策果然奏效，元朝被一舉推翻，為了紀念這個偉大的功績，中秋吃月餅的習俗就這樣傳了下來。

如今，月餅越賣越貴，花樣也越來越多，每到這個節日，無論窮人富人，每家都會爭相購買月餅，取一個團圓的彩頭，然而中秋的團圓卻成了很多人心頭的痛。因為很多家庭是「月圓人不圓」。

在緊張的生活節奏和強大社會壓力下，儘管絕大多數公司都有中秋放假的規定，但有些人為了加班費，或工作忙，實在抽不出時間回家；還有人在他鄉打工，買不到返程的車票，或因為往返成本太高，只能望而卻步。而與此相對應的，則是家中做了一桌飯菜，然後熱了又熱，殷切盼望，望穿秋水的老人。

而老人們等來的，卻往往只是一通電話：「我郵寄的月餅收到了嗎？中秋要加班，不能回去，你們二老多保重！」「我還在外地談生意，剛往您帳戶匯了錢，您買點月餅過中秋吧！」

去年中秋前一天晚上，王倩玉和朋友散步，看到街上一位白髮蒼蒼的老人，獨自拄著枴杖，步履蹣跚地在路上行走，當時已經是晚上十點，是不是迷路了？熱情的王倩玉和朋友趕緊上前詢問，老人說：「不，我家就在這附近，很近的，我就是腿不太好，出來走走，鍛鍊一下。」

目送著老人離去，王倩玉思緒萬千，這位老母親肯定很希望孩子陪在身邊，而她的孩子是不是也有忙不完的工作，做不完的應酬，也以為錢可以取代一切，只要往家裡捎點禮物，打個電話，就可以取代會面。其實在父母眼中，禮物、錢都是浮雲，只有見到自己的兒孫才是最幸福的，哪怕倒貼錢，辛辛苦苦準備晚餐，也是累在身上，甜在心裡。

也許有些人會想到這樣一個問題，在中國人心目中，為什麼八月十五中秋節如此重要？這一天，為什麼要家人團聚呢？

民間關於中秋的起源一直有很多種說法，其中最為著名的一種，是說因為后羿思念月宮的嫦娥，在每年八月十五月圓的時候擺設香案，放上甜點和鮮果，祈求嫦娥吉祥平安。這一行為被其他人看到紛紛效仿，於是慢慢流傳開來，逐漸成了祭月祈求團圓的習俗。

對於這種說法，民俗學家並不認同，因為后羿射日，嫦娥奔月只是傳說，並沒有太大根據。關於中秋節，最權威的說法則是起源於先民對於中秋的崇拜。因為古代帝王都會有春天祭日，秋天祭月的禮制，到了周朝，對月亮的朝拜意識開始有了歲時化，而且在《周禮》中，曾出現過「中秋」這個詞。隨著朝代更迭，漢朝秋夕祭月被列入了朝廷典章，而唐朝則直接將這種祭月行為定義成節日，於是有了中秋節。

當然，我們沒有必要深究這些說法中哪一個更為準確，總之中秋節是個舉家團聚、歡聚一堂的節日，無論身在何方，不管工作多忙，壓力多大，都要力排萬難回去和家人一起吃月餅、賞月。

隨著現代科技的發達，即使遠在千里，我們也可以聽到對方的聲音，看見對方的容貌，但科技再發達，也取代不了親人之間面對面的脈脈溫情和觸手可及的真切。

多子多福

多生不如優生

中國民間一直都有著「多子多福」的說法，追根溯源，居然有個很有趣的邏輯：大概從遠古時期開始，人們就已經認識到世間萬物的變幻莫測，他們覺得人生短暫，而且總會被世事無常所困擾，一旦生命終結，幸福就再也無從延續了，怎麼辦呢？

我們的祖先想到了一個好辦法，將人生幸福和多子多孫世世代代生生不息緊密聯繫在一起，這樣一來就產生了一種生存法則：以量的優勢而不是質的優勢來參與生存競爭，以求短暫的個體生命用遺傳的方式得到無限延伸。

這種理念在《詩經．螽斯》曾就有所提及：「螽斯羽，薨薨兮。宜爾子孫，繩繩兮。」翻譯成白話就是：蝗蟲展翅飛，成群結隊多熱鬧。你的子孫那麼多，綿延不絕令人羨慕。因為蝗蟲是一種生育能力極強的動物，所以古人以此來表達多子多福的美好祝願，並得出「子孫眾多，言若螽斯」的結論。

在古人看來，子子孫孫無窮盡是繁衍生息的根本，是老一代人完成使命的象徵，也是家族延續的希望。這種觀念深入人心，所謂「人多力量大」、「人心齊，泰山移」、「眾人拾柴火焰高」、「人多勢眾」等，都是老祖宗們由此留給我們的觀念遺風。

當然，這跟當時所處的歷史環境有很大關係，人多了幹活確實快，在戰火紛飛的時代，家裡有幾個男人擔任重勞力，對生活的改善的確有很大幫助，而且帶兵打仗，保家衛國，人多勝算會更大。

然而時至今日，隨著科技的不斷發展，人數的多少已經難以決定競爭的成敗，在效率至上的當今社會，如果還抱著「多子多福」的觀念，不管質，只管量，只能是自食苦果。

上個世紀七、八〇年代，年輕時的王老太太抱著「多子多孫多福氣」的想法，含辛茹苦生養了五個兒子和兩個女兒，但因為當時物質匱乏，家庭條件不好，老二和老三生下來就是癱瘓，這讓這個原本就不富裕的家庭背上了沉重的負擔。

含辛茹苦十幾年，王老太太終於將兒女們養大，但因為每天都要照顧兩個生活幾乎不能自理的癱瘓兒子，她的身體一天不如一天，看著人家家裡孩子少的，生活都呈現小康，日子甜又蜜，自己卻拉拔著幾個孩子，吃穿都不捨得，便逢人就抱怨，說自己是「勞碌命」。

隨著年紀越來越大，她的生活幾乎不能自理，老伴走後，大兒子召集兄弟幾個開家庭會議，輪流照顧母親。讓王老太太覺得寒心的是，這些自己從小付出無數心血的孩子對她十分冷漠，有時連熱飯熱湯都供應不上。這時她才突然意識到，自己當初那種「多子多福」的想法是多麼可笑，如果當初生的孩子少，用心教育，還會是現在這樣的結果嗎？

其實，像王老太太這樣經歷的並不在少數，很多人出於種種考慮，總希望孩子越多越好，以為這樣「勝算」更大，殊不知在社會競爭壓力如此之大的今天，人口過多不僅會給國家社會資源帶來沉重負擔，而且孩子長大後也有會自己的理想抱負，真正能留在父母身邊的能有幾個呢？再加上現代社會發展迅速，各種設施設備、社會養老體系一應俱全，根本不需要養兒防老。

做為新時代的年輕人，相信大多數明智的準父母都已有了自己的主意，與其費心費力地撫養很多孩子，倒不如精心呵護，全面照顧，用心培養，悉心教育，進而得到一兩個人格完善，能力突出的優秀的孩子。

父母之命，媒妁之言

父母在兒女婚姻中的「崇高」地位

《孟子．滕文公下》中有這樣一句話：「不待父母之命，媒妁之言，鑽穴隙相窺，逾牆相從，則父母國人皆賤之。」

自古以來，但凡子女的婚姻，都必須經過父母同意之後，再由媒人進行介紹，然後男女雙方才能結婚。如果不等爹娘開口，不經媒人介紹，擅自和自己喜歡的人私會，就會被父母和社會上的人嘲笑，被認為是不遵禮教。

所謂「父母之命，媒妁之言」，簡而言之，其實是說古代男女沒有婚姻自由，必須要由父母說了算，而且只有明媒正娶之後，才能受到社會的認可。這可不比如今，只要拿著身分證到戶政事務所辦一張結婚證，就成了合法夫妻。

在中國古代，締結婚姻往往並不是那麼簡單的兩情相悅就可以，這裡面還摻雜著很多其他內容。在《禮記．婚義》中，對婚姻的目的這樣詮釋：「將合二姓之好，上以事宗廟，而下以繼後世也。」也就是透過婚姻這一關係，將兩個宗族連結起來，結成親屬聯盟。

在古人眼裡，婚姻這件事根本不是兩個人的事，而是很多很多人的事。當時的婚姻往往以國家和社會為本位，並不考慮男女雙方自己的意願，因此帶有除結婚之外的政治含意，同時還需要肩負傳宗接代、使家族興旺、長盛不衰的艱巨使命。

總而言之，無論婚姻關係的締結還是解除，似乎和當事人關係並不大，而大多是處於家庭和利益的需要，婚姻行為實際上只是家族行為。這種條件下締結的婚姻，自然沒有什麼幸福可言，而且父親和丈夫在家庭中居於至尊地位，妻子和子女則處於無權和服從地位，甚至沒有獨立人格，更沒有人生自由。

說到這裡，很多人可能會暗自慶幸：「幸虧我沒生在古代，沒有愛情的婚姻，沒有自由的生活，這日子可怎麼過？」

不過我們也應該體諒，在古代實施這樣的政策，是由當時的社會性質所決定的，和當時社會形態相適應。如今這種等級森嚴的家庭和家長的高貴身分，顯然開始逐漸隱退。幾乎所有的適齡男女，只要雙方相愛，條件懸殊不是很大，做為父母都會支持並祝福，答應他們的婚事。

但是，我們也會越來越清楚地感覺到，現代人的婚姻其實並不是兩個人的事情，它的背後是雙方父母，甚至兩個家族等多種因素的結合，其中還摻雜著買房、奮鬥、生兒育女、遭遇「小三」等婚姻危機等。而在子女的婚姻糾葛中，父母的表現更是發揮著至關重要的作用。

古有因為婆婆不待見而淚眼告別夫君的唐婉，被棒打鴛鴦，最終掛死在東南枝上的劉蘭芝與焦仲卿，今有因為婆媳不和而被迫分手的小戀人，因家庭條件懸殊而不得不勞燕分飛的苦情人。

當然，明事理的父母，自然不會雞蛋裡挑骨頭，瞎摻和，而是做兒女婚姻的潤滑劑，本著對孩子好的原則，理智客觀地對待子女婚姻。即使婚姻走到盡頭，仍然能客觀地看待，不驕不縱。這種父母才真正值得信賴，值得稱讚。

針對這些情況，感情專家特別給出了建議：身為父母，雖然尊長地位不容逆轉，但在子女的婚姻問題上，必須擺正自己的位置，遵循關心、不溺愛，建議、不干涉的原則，留給子女一定的空間，讓他們自己描繪生活的藍圖。即使塗錯了重新畫，也保有自己的特色，畢竟由父母代筆，再美麗也不是自己想要的生活。

嚴父慈母

黑臉、白臉教育法

晉朝的夏侯湛曾在一本教育類圖書《昆弟誥》中寫道：「納誨於嚴父慈母。」意思是在教育孩子的時候，父親要嚴厲，母親要慈愛，進而相得益彰。

中國歷來強調「男主外，女主內」，就連在教育子女的時候，也主張丈夫扮黑臉，妻子扮白臉，這也是所謂的「嚴父慈母」。

說起「嚴父慈母」這四個字，要是追根就底的話，大約有三、四千年的歷史了。因為在古文字上，它有著十分生動的表現：「父」字在古文字中的寫法是一隻手拿著一根杖；而「母」字則是席地而坐，突出兩乳的女人。

古人造字自然是源於生活，為什麼會出現這樣的兩個字，大致上是因為在日常生活中，父親常常用棍子訓誡子女，嚴厲無比；而母親則用乳汁哺育子女，態度慈祥。

當然，除了字面意義外，古代之所以會產生這種觀念，也有其歷史原因。古代的女人在社會上沒有什麼地位，在家裡也要以夫為綱。

正是因為這種社會地位，做母親的在子女面前缺少權威，雖然歷史上也曾有「孟母三遷」、「岳母刺字」等母親教子的經典故事，但在絕大多數的家庭當中，教育子女的責任基本上都是由父親擔任的，就連《三字經》中都說：「子不教，父之過。」所以說，舊時代，無論做父親的如何用棍杖教育子女，做母親的，除了在一邊心疼地抹眼淚，連干涉權都沒有。

回到現代社會，這種現象自然不會再發生了，隨著男女社會地位的逐漸平等，父母開始共同擔負起教育子女的責任，因此「嚴父慈母」的觀念也理所當然會受到衝擊。一方面它失去了存在的社會基礎，另一方面，也違背了科學的教育思想。

因為父母工作忙，明明剛滿兩歲就被送到郊區的奶奶家，父母打算讓他在鄉下待一年，等三歲上幼稚園再接回來。不料剛過了半年，明明的爸爸就發現了一個嚴重的問題，到了奶奶家之後，明明性情大變，原來去超市時，明明想要某件東西，只要爸爸不同意，明明就會放棄，現在卻驕橫無比，不達目的誓不甘休。

透過了解才知道，爺爺奶奶對這唯一的寶貝孫子寵愛有加，十分嬌慣，久而久之明明在家根本不把爺爺奶奶放在眼裡，每天都「唯我獨尊」，說什麼是什麼。有時爺爺覺得看不下去，想管管孩子，奶奶卻攔著，還用「樹大自然直」的理論來反駁，說孩子小時候只要開心就好，教育是大了之後的事情。

得知這一情況，爸爸媽媽驚出了一身冷汗，看到奶奶不好溝通，只好打消了讓明明繼續住下去的念頭，趕緊把他接了回來。經過很長時間的調教，才讓他重新變成通情達理的乖孩子。

父母是孩子的第一任教師，對子女什麼地方嚴格要求，哪些方面應該給予鼓勵，什麼時候要安慰愛撫，哪些行為必須給予懲戒，家庭成員的意見必須完全一致，這樣才能獲得良好的教育效果。否則你嚴我寬，你打我哄，態度不一致，意見不統一，孩子無所適從，教育如何能取得好的效果呢？

不可否認，全天下的父母都愛自己的子女，無論是棍杖訓誡，還是笑臉撫慰，歸根結蒂都是源於一個字——愛，目的都是希望其「成人成材」。只是有些時候，愛的方式並非都能達到「成人成材」的效果，如果做得不對，這種「愛」反而成了「害」。

在現實生活中，必須要樹立起家庭成員間平等統一的觀念，和子女建立良師益友般的和諧關係。這樣孩子才會感到溫馨快樂，身心才能健康，長大才能成龍成鳳，實現理想。

血濃於水

親情大過天

隨著家庭劇和溫情電影的不斷熱播，劇裡劇外有一個詞用的越來越多，那就是「血濃於水」。在很多影視劇中，無論題材是古是今，只要涉及到親情，往往都會有人提到。

那麼，血濃於水究竟是什麼意思呢？

從字面上來看，這個詞很好理解，就是說血的濃度大於水，引申而來則代表著親情重於一切，這是一種民族、種族感情至上的概念。

在中國古代，親情是高於一切感情的。古代有個詞叫做「君子之交淡如水」，君子幾乎是古代所有人的追求，每個人都希望自己能成為一個君子，受到萬人敬仰，而君子之交淡如水，也自然成為古人處理感情問題的標杆。

既然如此，憑什麼親情可以凌駕於「君子之交」呢？因為「血濃於水」。親情是靠血脈來聯繫的，而血濃於水，則是說親情比君子之交還要濃厚。

關於這個詞，還有個很有趣的典故：古時候如果親人走失，多年後再次相見，為了證明親緣關係，往往會採用滴血認親的方法。拿出一碗清水，兩人分別往裡面滴上一滴血，如果兩人的血突破水的阻隔融合在一起，就證明兩人是親骨肉，比現代醫學上的 DNA 鑑定還靈驗，幾乎是立竿見影。

在周星馳的喜劇電影《九品芝麻官》中，也有過這樣的橋段：為了讓含冤的秦小蓮得以昭雪，真相大白於天下，包龍星將殺人兇手常威的親生兒子之血滴在碗裡，然後讓常威滴血認親。做賊心虛的常威看到血融在了一起，一下子說漏了嘴，最終被迫承認了殺人的事實。

劇情自然都是杜撰的，事實是否如此還有待驗證，但這說明了一點，人與人之間的感情是水，而父母對孩子的感情，親兄弟、親姐妹之間的感情則為血，血比水濃，故親情在世間是無與倫比的。

時至今日，隨著社會的發展和進步，生活節奏不斷加快，我們的日子越過越好，越來越舒適，人與人之間的距離卻開始一點點拉大，甚至親人之間的感情也開始變淡了。

很多人以為，只要有錢，親情就可以彌補：一年到頭不回家，給殷殷期盼的父母寄一些錢，就能讓父母開心；整天在公司加班，只要按時支付生活費，就可以維繫和孩子之間的感情……

然而事實並非如此，所謂親情，是親人之間的感情，這種感情有兩個特徵，首先它是相互的，母愛是親情，愛母也是親情；其次它不專指著某種情感，而是父子（父女）情、母子（母女）情、手足情、祖孫情，這些都包括在內。而親人之間，只有親密才能產生感情，金錢無疑不能取代這種必須有來有往的感情。

更有甚者，有的人連最起碼的親情都棄之不顧，不僅不孝順父母，善待兒女，珍愛手足，還變本加厲，對自己的親人冷漠之極。

如果你細心觀察則不難發現，新聞媒體中常常會出現這樣的怵目驚心報導：《「空巢老人」盼兒女常回家看看》、《XX地發現被遺棄女嬰》、《留學研究生把屠刀伸向自己的母親》、《為爭房子，將父母趕出家門》……

有人感嘆，社會發展了，為什麼人情味卻變淡了？古代那些大於天的親情，現在都到哪裡去了？難道說這是人類進步的代價？因為工作忙碌，父母就可以理所當然地忽略？因為日子寬裕，孩子就可以丟給保姆？為了金錢，可以把屠刀伸向父母？為了利益，能夠置親人而不顧？

這些不能不讓人寒心，甚至驚恐。長此以往，人們的道德底線將一降再降，感情世界會變得愈加匱乏，人心越來越冷漠，親人之間也可以相互殘殺……

雖然現實情況不允許我們像古人一樣「父母在，不遠遊」，但「常回家看看」還是可以做到的；儘管因為工作的原因，我們需要把孩子交給長輩代看，但下班後和孩子溝通交流，照顧起居，還是能夠完成的。

生活節奏再快，親情也不能忽略，物質生活再豐富，金錢也無法取代感情。千萬別忘了「血濃於水」的古訓，因為親情這根弦是任何時候都不能斷的。

寧拆十座廟，不拆一樁婚

棒打鴛鴦罪孽深

幾乎所有人都知道，拆廟是大不敬的事情，從古至今，沒有幾個人敢冒這樣的「大不諱」，做這種忤逆的事情。在古人眼中，有件事比拆廟還嚴重，那就是破壞別人婚姻。

在中國儒家傳統中，最高的價值是世俗倫理，而世俗倫理的基石就在婚姻家庭中，並由此擴散到一鄉一城，一邦一國。婚姻對中國人來說比什麼都重要。

廟宇總歸不是活物，拆了還能再蓋，菩薩原本就是寬容慈愛、善解人意、普渡眾生的，並不會因此怪罪下來；但假如毀掉別人的婚姻，拆散兩個相愛的人，那就意味著，你親手毀了一個家庭上下三代人的幸福，再加上兩人結婚之後可以繁衍後代，帶來更多希望和生命的延續，因此這種行為所造成的痛苦和過失是無法彌補的。

中國人將愛情當作一件美好的事情，比如用鴛鴦做為代表愛情的吉祥物，雙喜的窗花則意味著幸福連理。而與此相對應的是，古代維護婚姻制度的法律十分嚴密，任何敢於挑戰傳統婚姻家庭制度的行為，都會被認為罪不可赦。因此，中國人寧肯得罪神靈，也不會做別人婚姻離散的推手。

時至今日，這種「寧拆十座廟，不拆一樁婚」的傳統思想依然流傳甚廣，儘管所圖目的不盡相同，但最終結果卻是一樣的：古人將維護婚姻當成功德無量的好事，而今人則認為維持婚姻事關穩定大局。

在這種傳統觀念的影響下，但凡身邊有想離婚的，感情不好分分合合的，大家的第一反應必定是苦苦相勸，就連辦理離婚手續的工作人員，也會盡職盡責，好話說盡。所有人都清楚，即便是最不幸的婚姻，也一定有過幾幅溫情的場景，即便是最勢不兩立的配偶，也會有一兩樣共同的牽掛，畢竟「一日夫妻百日恩」。所以，一番連哄帶嚇，事實論據輪番上演之後，當事人的離婚進程大抵就會宣告暫停，或就此不提。

只是，這果真是積德行善的好事嗎？恐怕未必。

並非每一座破碎的婚姻城堡都能修復，也不是每一樁婚姻都有必要維持。也許這個城堡早已裂痕累累、難遮風雨；也許這所港灣真的搖搖欲墜、亟待重建。當「善良」的人們沉浸在保護了一樁婚姻的成功喜悅當中，自以為做了次「救世主」時，也許延長的不過是兩個人的痛苦，而非幸福。

其實婚姻就像腳上的鞋，合適不合適只有自己知道。如果眼前的這樁婚姻所帶來的只有痛苦，沒有絲毫幸福可言，那麼當事人必須鼓足勇氣，對自己負責；旁觀者也應該停止勸和，客觀地擺出自己的看法。只有這樣，才能發揮到真正助人的目的，而不是死抱著傳統觀念不放，不管當事人死活。

棍棒出孝子

讓人汗顏的「暴力家教」

中國人一直都有這樣一種觀點，那就是「玉不琢不成器」、「棍棒之下出孝子」，認為只有對孩子棍棒相加，嚴加管教，他才能對父母服服貼貼，從而建立家長權威。

不可否認，這種「暴力美學」在不懂教育的古代人那裡，不失為一種逼迫孩子成材方式。可是時代發展到今天，依然有不少家長相信棍棒教育，這不能不引起我們的深思。

透過一份來自台北市的調查，我們獲悉了這樣一組驚人資料：

有12%到18%的家長在教育孩子的時候，經常使用「打一頓」的辦法。在這些相信「打一頓」效果更好的家長中，鄉村高於城市，父親高於母親。當有記者問及有時打孩子和偶爾打孩子的情況時，發現這一比率更高。

在某國小進行問卷調查時，學生中挨過打的居然佔了80%，在此國小三年級的某教學班中，全班一共43人，只有一個學生沒挨過打。

曾有教育工作者說：「打孩子不能提倡，但如果能講究方式、方法，找對時機，輕重適當，也能收到好的效果。」同時還舉出前蘇聯教育家馬卡連柯打學生的例子做為證明。但事實擺在我們面前，繼續提倡棍棒教育不僅會助長打孩子的家長繼續濫施懲罰，使打孩子的行為愈演愈烈，同時還會讓原本不打孩子的父母受到影響，走入盲點。

也許有人會覺得，打孩子沒什麼不對啊！孩子不打不成器，不來點「厲害的」，他就不長記性！其實這不過是某些家長一廂情願的想法而已，如果你深入研究一下被知名大學錄取的學生，你就會發現，父母的正確教導和鼓勵遠比棍棒培養出的優秀者多得多。

當然，你肯定能拿出一些事例反駁，比如前一段時間網路上瘋傳的成功教育者「狼爸」。「狼爸」名叫蕭百佑，是一名商人，家裡有一兒三女，都在大陸接受教育，他的孩子全部上了北京大學，於是他出了一本書，名叫《所以，北大兄妹》，他也因此成了名人。

在這本書中，他詳細描述了自己如何將兒女「打」進北大的。根據調查，蕭百佑目前有三個孩子都考進了北大，而且他的不少朋友和同學的孩子，交給他後也出現了不同程度的改變。

抱著「棍棒之下出孝子」的傳統理論，「狼爸」聲稱自己遵循中國古禮，不僅要讓孩子在棍棒下成為孝子，還要他們成為才子。他在書中大讚「藤條是個好東西，打了不傷筋骨，但絕對痛，痛了才能記住！」同時表示教孩子的最好辦法，就是讓他接受好的規矩，形成好習慣，樹立好目標，而想讓他們記住，則必須要「打」。

對於這種令人汗顏的理論，教育專家並不支持，儘管在他的教育之下有了一些成功案例，但如果一味將孩子的成功與崇尚「打」文化的家教結合起來，不僅會違背「以人為本」的現代教育理念，還跟素質教育背道而馳。

儘管現在「無規矩不成方圓」的教育理念始終影響著教育實踐，但這並不能以壓制孩子的個性為前提，而應該給予孩子選擇權和個性發展的空間。

簡單地用「棍棒」來解決所有教育問題，最終的結果只能是兩種：第一種，讓孩子成為你眼中的「乖小孩」，個性被漸漸磨平，即使「成功」也不快樂；第二種，嚴重逆反，破罐子破摔，徹底成為不可救藥的「壞孩子」。

當然，在教育過程中，適當適度的懲戒是必要的，因為孩子也需要「規矩」，但在進行懲戒教育的時候，家長必須保持理智和理性，既不能拳腳相加，暴力「執法」，也不能放縱自由，矯枉過正。只有這樣，孩子才能在正確的教育下茁壯成長。

親兄弟，明算帳

別讓金錢傷了手足之情

「親兄弟，明算帳。」這句話大概很多人都曾聽說過，也都表示贊同。然而在現實生活中，最難算清的其實就是「兄弟帳」。

中國是一個極其注重親情、友情的國家，而且好面子。很多時候，遇到親人或者好友著急用錢，或開口求助的時候，錢要不要借，借據要不要寫都是需要仔細斟酌的。但現實和理論總會存在差距，往往借錢容易還錢難。一旦遇到什麼急事或長欠不還，這邊著急上火，那邊卻不好意思開口，一跟錢扯上關係，親情就變得不再醇厚，友情就變得不再純潔，反而成了撕不開臉的一張網。

如今越來越多的媒體都開始涉足走進百姓生活的訪談類節目，有些是為了解決糾紛，有些是為了處理感情，仔細觀察我們不難發現，在這些節目的內容中，僅僅因為兄弟姐妹間的財務糾紛就佔了大半。物價瘋狂上漲，房價快速猛增，因為老人分家不均或去世後遺產分配不公而鬧上法庭的人越來越多。

再看看去法院打官司的那些人，普通老百姓的家庭財務糾紛中，大部分其實都不是外來的問題，而是兄弟姐妹間的財產不清，而這種事情其實往往是最傷感情的，不鬧得形同陌路不算完。

所以有人說，一旦某個家庭因為婚姻或老人去世而「分家」時，一定要把財產理清，最好透過法律途徑確認彼此的比例及權利、義務，最大限度地保障每個人的利益。先小人，後君子，這樣才能避免日後兄弟反目。

某位知名作家曾寫過這樣一段話：「能不能把錢和情分開考慮，可以說是界定新舊人物的一個重要標準……舊式人物，不要說親兄弟明算帳了，就是朋友之間帳都算不清楚。你要是和我談錢，就別做我的朋友！新式人物，不要說親兄弟明算帳了，就是夫妻之間帳都算得極其清楚。錢是錢，情是情，兩碼事。」

當然，以上這些說的並非全無道理，為了省卻將來的麻煩，在最初的時候就「釘是釘，鉚是鉚」的將一切涉及到金錢問題的事情都處理好，也不失為一種辦法。但這又牽扯到一個問題，那就是「手足情」。都和外人似的，分得那麼清楚，還談什麼「手足情深」？

網路上有個文章，是這樣寫的：「我們家條件不太好，為了改善家裡的經濟狀況我爸想做生意，但沒有那麼多錢投資，於是向大伯家借錢。本來大伯不同意，說了好幾次才答應借。

開始也沒說什麼別的要求，但我爸去拿錢的那天，伯母也在家，說到借錢，伯母居然要求寫借據，氣得我爸不知道說什麼好，轉頭就出門走人了。

幾十年的兄弟關係就這麼完了。我都不明白了，同一個父母生下來的兄弟，幾十年的親情還不值一點錢嗎？豈有此理，伯父伯母也太過分了！」

從文章上的描述看，這兄弟倆的情分也許就因為這一張借條就此斷開，很難有再續的可能。也許有人會覺得，誰的錢都不是白來的，寫借據只是希望這錢有一天能歸還，並不說明感情問題，畢竟兄弟之間賴帳的也有，也許他信譽不好，或者他過去借過錢卻沒還。除去這些理由，親屬間借錢還得要借據，確實太「傷感情」了。

在香港某著名節目擔任主持人的梁繼璋曾在寄給兒子的信中這樣寫道：珍惜親情吧！親人只有一次緣分，不管這輩子我和你會相處多久，都請你好好珍惜這段共聚的時光，因為下輩子無論愛與不愛，都不會再見。這個世界上的人有很多，人和人彼此能成為母女、兄弟姐妹的機率很小很小，這緣分非常不易！

梁繼璋還提到，當今社會，在殘酷的現實世界中，金錢固然重要，但親情更重要，尤其對操勞一生的父母來說，如果兒女由於自身能力和關係無法讓他們的晚年生活過得富足，但至少不要讓含辛茹苦養育孩子長大成人的父母因為財產問題而傷心。這不僅是不孝，還是大逆不道。

俗話說：「打虎親兄弟，上陣父子兵。」無論任何時候，不管遇到什麼事情，親人才是你最可靠的臂膀，在龐大的親情面前，什麼利益衝突，什麼金錢名利，不過是浮雲而已。千萬別因為金錢傷了親情，只有珍惜身邊的每位親人，才能讓人生變得無憾。

之於親人如此，之於朋友也當如此！

天倫之樂

最「中式」的幸福

美國心理學家埃里克森在提到老人問題時，說了這樣一番話：

「老人要進行的是自我整合，他們會將人生的全部經歷進行整合，整合到這部分的時候，往往經歷的是大大的挫敗感——因為孩子不需要我了，我沒有價值了，孩子離開我了，那也是我該離開的時候了——這往往加劇了老人的悲觀情緒和整合不順利的失望。」

這種失落感並不僅僅出現在美國老人身上，中國的老人同樣如此。仔細觀察就會發現，中國老人的最大願望是孩子們能留在身邊，最好再生個孫子孫女幫忙帶著。這樣的生活無論多忙多累，哪怕天天腰痠背痛小心伺候著，也有說不盡的幸福，他們將這種場景命名為「天倫之樂」。

「天倫之樂」這個詞在中國古代早就出現過，李白的《春夜宴從弟桃花園序》中有這樣的詩句：「會桃李之芳園，序天倫之樂事。」描述了一幅親人之間歡聚一堂的幸福場景。由此可見，在中國人的骨子裡，天倫之樂是無與倫比的，也是最為「中式」的幸福。

讓老人享受到這種幸福，自然是孝順的最高境界，究竟什麼才是天倫之樂呢？很多人覺得，給予父母最喜歡的生活方式就是天倫之樂。那父母喜歡什麼呢？喜歡孩子們經常回家，喜歡子孫吃他們做的飯菜，喜歡兒孫繞膝，喜歡聽孩子們絮絮叨叨的故事……

對於這些喜好，心理學家給出了貼切的分析，因為養育孩子會給祖父母帶來滿足感，所以看著孩子玩耍，和孫子孫女一起玩，會讓他們產生濃厚的幸福感。了解到這一點，你也許會覺得，那讓老人來照顧孩子不就好了，既能解決自己工作帶孩子不方便的實際困難，又能讓老人獲得「天倫之樂」，豈不是一舉兩得？

從某種角度上來說，只要老人身體允許，自己願意，這未嘗不是件好事；但凡事有利必有弊，對一些身體狀況不太好或帶孩子力不從心的老人來說，把這樣一個「負擔」給他們，不僅沒有幸福感，反而是無盡的壓力和痛苦。

七十歲的徐奶奶對於兩個孫子，是看在眼裡樂在心上，卻也有不痛快。她常常跟別人抱怨：「平時上學不怎麼見著，天天想他們，可是一放假他們過來了，我又煩得很。」

人家問她為什麼覺得煩，兒孫繞膝不是很好嗎？徐奶奶總會搖搖頭說：「什麼兒孫繞膝啊，就是不花錢的兼職保姆嘛，一到假期就送過來，亂都要亂死呢！平時就不這樣，半個月一個月來一趟，親也親不夠。」

原來徐奶奶的業餘生活很豐富，平時常常和幾個老姐妹一起鍛鍊身體、唱唱歌跳跳舞，但一到了寒暑假，兩孫子一來，生活就全被打亂了。

「一到假期，早上抽個空趕緊晨練，然後就是買菜、煮飯、午休、送孫子上才藝班，我的作息時間全都得改。這還不算，這兩活寶的作息和我完全不同，晚上睡得晚，早上起得晚，弄得我成天昏昏沉沉，我年紀越來越大了，再這樣下去肯定是不行的。」

像徐奶奶這樣經歷的老人其實還有很多，他們當然不是不愛自己的孫子，更不是不想幫忙看孩子，但很多時候力不從心。不少年輕父母在決定是否讓老人幫忙帶孩子的時候，更多考慮到的是孩子健康和成長的需要，卻很少考慮到老人的需要、健康和幸福，這讓老人常常感覺身心俱疲。

這種將晚年生活和養育孫輩緊密捆綁的生活模式，對老年人來說不僅談不上天倫之樂，還會讓老人的社會圈子縮小，交際圈變窄，認知能力和資訊範圍迅速衰退，幸福感更是無從談起。

由此可見，想「孝順」，首先要考慮到老人的實際需求，順應老人的心理和身體狀況，進而選擇最佳方案，讓老人度過幸福的晚年，享受真正的「天倫之樂」。

夫妻沒有隔夜仇

伴侶之間的相處之道

顧長衛和蔣雯麗夫妻一起作客中國某節目，當談及影視圈裡的投懷送抱、逢場作戲時，主持人當著顧長衛的面戲謔地問蔣雯麗：「影視圈裡誘惑那麼多，您就不擔心老公出問題嗎？」

「說實話，最初真有點擔心，有次我們倆也探討這個話題，也許我的不安被他察覺，他十分認真且嚴肅地對我說了一句話，讓我終身難忘，再也沒有任何擔憂。」

蔣雯麗頓了頓，接著說：「他說，如果有哪個女演員對我、或者我對哪個女演員有好感這都會有可能，但是這與我對妳的愛比起來太微不足道了，請妳相信我！」

採訪過程中，蔣雯麗談到，他們兩人也會像天下所有夫妻一樣吵架，但他們有著獨特的相處之道，用蔣雯麗的話說就是：「我們之間發生摩擦時，我總會暫時多忍讓點，因為我覺得生氣會對他的身體不好，畢竟他是我最親的人！我們每次有隔閡，他一生氣，我就會像哄孩子那樣哄他，我很不喜歡夫妻間的冷戰，生氣不要有夜仇，如果兩個人常常冷戰，感情會越來越淡，那就意味著離分開不遠了。」

中國有句老話叫：「夫妻沒有隔夜仇」，還有句俗語說得好：「床頭吵架床尾和」。這說明婚姻圍城中的兩個人，不吵架是不可能的，一對夫妻整天相敬如賓，相互之間揣摩著話說，冷漠到鬥嘴也感到無趣，這樣的婚姻生活還能維持多久？

換個角度想想，如果兩個人熟悉得跟一個人一樣，透明度幾乎百分之百，就像左手摸右手，難免出現審美疲勞。

婚姻是兩個人的事情，需要兩個人共同努力，感情出現問題，絕對不是一方的原因，每個人都要從自身找找原由，相互找個臺階，讓日子繼續幸福下去。

王建勇是出了名的火爆脾氣，動不動就對著老婆劉心燕呼來喝去，但劉心燕也不是好惹的，一股無名火上來，兩人就會吵得不可開交。

這天，嘴仗又開始了。

「我算是跟你過夠了，我當初怎麼瞎了眼嫁給你！」標準的女高音差點把房頂掀翻。隨後是男人不甘示弱地吼聲：「好，妳現在就滾！」

他們隔壁住的是在中學當老師的張文熙，聽見王建勇兩口子吵成這樣，張文熙忍不住想過去勸勸，就對老婆說：「挺好的一樁姻緣，不能就這麼散了啊！妳看他家孩子都讀國中了，真散了，孩子跟誰啊！」

老婆趕緊攔住他：「說你是書呆子，你還不相信，他們家三天兩頭吵架，你沒注意到？哪一次不是氣勢洶洶，最後就好了！趕緊上你的班，小心遲到了耽誤學生上課。」

聽了老婆的話，張文熙轉念想想也是，傍晚下班回來時，他刻意從隔壁門口經過，假裝不知道他們吵架，路過時跟王建勇打了個招呼。王建勇正在院子裡看書，劉心燕則在一邊指導孩子寫作業，兩人趕緊招呼著讓張文熙進去坐坐，那熱情勁絲毫看不出早晨吵架要離婚的跡象，張文熙這才放心地回家了。

可見，夫妻吵架是一種生活藝術，更是愛的表示，所以有人說：「幸福生活吵著過，不吵架才不正常呢！」

在這個世界上，確實沒有永恆的愛，也不存在沒有矛盾的兩個人。愛就像花朵，不澆灌、不栽培必然會凋謝，因此夫妻必須摸清楚對方的「命門」，掌握獨特的相處之道，出現矛盾後即時採取有效措施，進而做到良好溝通，有效解決潛在隱患。只有這樣婚姻才會長治久安，日子才會越過越美滿。

妻妾成群

從前是小妾，現在是「小三」

2007年時，隨著大陸影視劇《蝸居》的熱播，很多人將目光重新鎖定在一個社會角色的頭上，那就是「小三」。當這部電視劇用殘酷的現實手法為平民百姓上了豐富的一堂「課」時，所有人都在反省、深思、預防、奮鬥。很多如「海藻」同樣命運的人都在殷切期盼，為什麼遇不到我命中的「宋思明」呢？

《蝸居》中講述了這樣一個故事：海萍和海藻兩個在大城市打拼的姐妹，姐姐海萍和姐夫蘇淳畢業於知名大學，卻只能在租來的10平米房子裡生活，並四處打探希望能買個心儀的房子；妹妹海藻則跟男友小貝租住在三居室的其中一間裡，只等賺夠頭期款談婚論嫁。

從海萍四處籌頭期款開始，四個人的命運就被生活推向了無法掌控的軌道。隨後海藻在一次飯局上認識了溫文爾雅且已婚的市長秘書宋思明，並迅速成為他的「職業二奶」。故事的最後，海萍一家省吃儉用入住新房，生活漸有起色，海藻則流掉了宋思明的孩子，在宋思明好友的幫助下出國進修。

對在大城市苦苦奮鬥的人來說，這是個不錯的勵志故事，對「小三」們而言，海藻是個值得「借鑑」、「學習」的榜樣，雖然沒有贏得婚姻，卻也有了脫胎換骨的改變。

但事實真的如此嗎？

這部劇曾一度被批評是誤導年輕人，以為當「小三」最後都能不勞而獲，可是世界上哪裡有那麼多「宋思明」呢？況且這個「大奸若忠」的貪官，最後的結果也是極其慘烈的，海藻也得到了應有的懲罰，她再也不會懷上孩子，再也不敢憧憬愛情。

歷史在重播，從古代的小妾，到現在的「小三」，某些女人的命運被註定了多舛，是時代造就，還是自我淪陷呢？

假如把古代的小妾用時光隧道傳到現代社會中，不知道她們應該高興還是失望。也許在她們的憧憬中，現代社會應該不用去懼怕明媒正娶來的正室，不用成天被大娘、二娘、三娘欺辱，可以得到男人的所有寵愛。

誰料現代社會卻連個名分也沒有，小妾們大概只能大呼上當：這就是五千年後的文明嗎？早知如此，五千年前，我寧肯下地獄，也不費盡力氣投胎再做一次女人，真是命中該有此劫！

在現代人看來，中國古代是「一夫多妻制」，其實並不是這樣。如果你真的生在古代，說出這種話來，一定會被認為不守禮法，古代依然是一夫一妻制，姬妾其實不能算是合法配偶。

也許你會問，古代不是「三妻四妾」嗎？為什麼說妾不算是配偶呢？這裡有個小典故：「三妻」是春秋時期齊國君主的一段佳話，傳說當年齊國的君主久久無法決定究竟立誰為皇后，以致於朝野上下議論紛紛，君主就戲稱自己要立后三人，但這個事還沒有實踐他就去世了，於是後世就有了「三妻」的說法。而「四妾」則不過是為了押韻，沒有什麼實際意義。

在古代，妻子和丈夫是姻親關係，娶妻被看作家族行為，而納妾則基本上只要丈夫願意就可以，是個人行為，家族不會對此負責，更不會承認這一名號。因此妾的地位是很低的，比奴僕高不了多少，而且死了之後不能列入祖宗牌位，所生的子女也無權接受家族遺產。

時至今日，部分男人們找「小三」，自然是為了新鮮，換換口味，很少想到負責，給她「轉正」。而「小三」是不可能用身體留住男人的，換個女人就等於將自己的資產剝層皮，況且家有醜妻是一寶，至於「小三」，只不過是閒來無聊找來的刺激。家裡有給自己做飯的，外面有能發洩慾望的，以愛的名義讓自己裡外光鮮，又不用付出什麼，何樂而不為呢？

不管是小妾，還是「小三」，都不適合女人衝鋒陷陣，畢竟扮演這個角色是見不得光的，不僅需要超強的演技，更需要強大的內心，加上百折不撓的勇氣，而且付出永遠是大於回報的。

出來混早晚都是要還的，破壞別人家庭，最終會連本帶利地還上，自己釀的苦果，也只能自己一個人品嚐。為了不作繭自縛，自愛的女人要清楚，只有和相愛的男人經營唯一的婚姻，才會獲得唯一的幸福。

舐犢情深

別讓關心變成溺愛

《後漢書》中有個成語叫「舐犢情深」，在雪域高原曾有個真實的故事，極其生動的對其進行了闡釋：

那是一個極其缺水的沙漠地區，賴以生存的水需要靠駐軍從很遠的地方運來，因此當地每人每天的用水量被嚴格限定為三斤。日常的飲用水、洗漱、洗菜包括餵牲口，全都指望著這三斤珍貴的水。

人缺了水無法生存，牲畜也一樣，因此常常會有牲口在路上攔路索水的事情發生，但一般只要運水戰士威嚇幾聲，很快就會散去。

一天，有一頭一直被人們認為憨厚、忠實的老牛掙脫了韁繩，強行闖入了運水車必經的公路。運水軍車終於緩緩開來，老牛以不可思議的識別力，迅速衝上公路，軍車司機急忙剎車，老牛沉默地立在車前，任憑駕駛員和押水兵如何驅趕，就是不肯移動半步。

五分鐘過去了，十分鐘過去了，雙方依然僵持，這頭倔強的老牛用殷切的目光看著那輛車和身邊兩個不斷威嚇的人。人跟牛就這樣耗著，最後造成了塞車，後面有司機開始一邊罵一邊找上來，有的則一個勁的按車喇叭，但老牛就是不肯離開。

這時，牛主人找過來，揚起長鞭狠狠地抽打在瘦骨嶙峋的牛背上，老牛被打得皮開肉綻、不斷哀叫，可是就是不肯讓步。鮮血很快染紅了鞭子，老牛淒厲地哞叫聲，應和著沙漠中陰冷的風，顯得十分悲壯。

運水戰士感動了，眼裡含著淚從車上取出了半盆水，放在這頭牛面前。出人意料的是，老牛並沒有喝這盆以死相爭得來的水，而是仰天長哞，似乎在呼喚什麼。

很快，跑過來一頭小牛，受傷的老牛滿眼都是慈愛地看著小牛喝完水，伸出舌頭舔了舔小牛的眼睛，小牛伸過頭來舔舔老牛眼中的淚水。周圍一片寂靜，還沒等主人吆喝，牠們掉轉頭，開始慢慢往回走去……

這不由得讓我們想到很多為了孩子甘願犧牲自我的偉大父母。為了孩子，無論是動物還是人類，每位家長都是那樣的大愛無言。

這是一種與生俱來，也是兒女們無從拒絕的感情，這些父母是值得所有人讚揚，值得所有做兒女的感恩的。然而有些時候，父母的愛和關懷並不是那麼合乎時宜，尤其是在獨生子女日漸增多的今天，很多父母所給予的並不是愛，反而成了「害」。

著名兒童教育家盧勤說：「因為我們只有一個孩子，很多年輕媽媽產生了恐懼心理：怕男孩學壞，怕女孩受害，像是老母雞一樣，把孩子呵護在自己的翅膀下，整天提心吊膽，不敢離開半步，生怕失去自己唯一的『寶貝』，不知不覺，就進入了教育的盲點。於是，母愛成了三點水加一個『弱』的『溺』，母愛也成了『母害』。」

上個世紀八〇年代的孩子們，那時都是每天背著書包，高高興興去上學，蹦蹦跳跳回家去的場景相信很多人還記憶猶新。然而如今這樣的場景幾乎消失不見了，我們看到的都是孩子在前面輕鬆地走，或三五成群，或獨自帶著耳機聽著歌，父母則在後面幫孩子背著書包匆忙跟上。

究竟是書包真的太重，還是家長對孩子太過遷就呢？

一次一個記者終於忍不住做了個專題採訪，問了很多父母和孩子之後，她發現一個嚴重的問題：孩子們本來並不覺得書包重，也不想讓父母幫忙提書包，而父母則因為擔心孩子被書包壓壞身體，總忍不住幫孩子背書包。

這樣做的結果其實只有一種，孩子不情願卻不得不接受父母幫忙背書包的行為，並漸漸習以為常；而父母則在不知不覺中成為溺愛孩子的「元兇」，甚至耽誤孩子的成長。

這樣的孩子是悲哀的，這樣的父母更是可怕的。溺愛並不是愛，而是把孩子往火坑裡推，一味的慷慨給予，不僅會讓父母苦不堪言，還會讓孩子失去原本應有的成長機會，久而久之造成種種問題。

什麼是愛，什麼是害？對每位愛孩子、希望孩子健康成長的父母來說，都是值得深究的課題，千萬別把關心變成溺愛，更不要將關愛「昇華」為「毒害」。

報親恩

要有報得三春暉的「寸草心」

在某品牌奶粉的宣傳廣告中，描述出一幅溫情的畫面，看著螢幕上那些可愛玩耍的孩子，我們不禁想到從懷胎十月，嗷嗷待哺的嬰兒，到一步步長大成人，父母需要付出多少心血，操多少心。而對於這份感情該如何報答，才能撫慰內心的感激呢？

做為幾千年傳統文化的承襲之地，古人對於報答親恩向來十分重視，不僅有「二十四孝」這樣的經典論著，也有著不少值得我們學習的典範，這其中就包括漢文帝劉恒。

劉恒是漢高祖的第三個孩子，漢高祖去世後八年，以仁孝聞名的劉恒即位，史稱漢文帝。他的母親薄太后因為年輕時被打入冷宮，身體一直羸弱，劉恒知道母親因為他受了很多苦，於是登基後侍奉母親從不懈怠。

薄太后臥病三年，劉恒常常夜不能寐、衣不解帶，每次下人送來湯藥，他都會親口嚐過之後，再放心地讓母親服用。在他執政的二十四年中，重德治，興禮儀，注意發展農業，西漢社會穩定，人丁興旺，經濟得到恢復和發展，成就了歷史上著名的「文景之治」，而他親嚐湯藥的行為也被世人廣為流傳。

「慈母手中線，遊子身上衣，臨行密密縫，意恐遲遲歸。誰言寸草心，報得三春暉。」這首詩歌貼切地描繪了母愛的偉大和無微不至，如今我們雖然不再提倡「二十四孝」般的愚孝方式，但父母的恩情是值得用盡一生來報答的。遺憾的是，時至今日，很多人卻忘了這種承襲千年的傳統美德，而做出令父母寒心的事來。

某期電視訪談節目請到了兩位嘉賓，一位是白髮蒼蒼的老父親，另一位是正當壯年的兒子。這期節目的主題是：「我把兒子告上法庭」，經過前期的溝通了解，主持人講述了事情的經過：

這位命苦的老父親年輕的時候在某工廠工作，妻子一直身體不好，生了兩個兒子後便撒手西去，大兒子很小的時候不幸夭折，更雪上加霜的是，工廠管理不善被迫倒閉，他不得不另謀職業。可是身為生產線工人，一沒有學歷二沒有技術的他只能在街上擺地攤，用以養活當時只有三歲的小兒子。

經過幾年的打拼，他的生意漸漸有了起色，後來買下兩間商舖，開了家小超市。為了不讓幼小的孩子受後媽欺負，他堅持不再娶，一個人精心呵護，終於把孩子送進大學，孩子也很爭氣，畢業後當上了政府公務員。而因為多年的操勞，老父親的身體開始一天不如一天。

兒子很快找到了心儀的伴侶打算結婚，老父親把一生的積蓄都拿出來給兒子付了買屋的頭期款，然後將超市頂讓出去，依靠每月的租金生活。剛開始一家人其樂融融，兒子也還比較孝順，常帶著媳婦來看他，可是後來媳婦生了孩子不再工作，兒子的薪水付完按揭寥寥無幾，就惦記上了老父親唯一的指望——小超市。

因為當初工廠倒閉，老父親並沒有退休金，而這家小超市的租金無疑是他養老的唯一指靠。兒子提出賣掉超市，老父親堅決不同意，兒子便三天兩頭過來鬧，父親左右為難最終答應了兒子的要求。

然而賣掉超市後，兒子一分錢也沒給老人，全裝進了自己的腰包，而且對父親索求撫養費的事情置之不理，生計無門的老父親無奈之下只得將兒子告上法庭。看著獨坐一隅、白髮蒼蒼的老人無助、失望的眼神，臺下的觀眾幾度落淚。

法院判決兒子歸還當初賣掉超市的現金，每月向老人按時繳納贍養費，而且在老人生病或年邁的情況下必須履行義務，照顧老人飲食起居。但拿到判決書的老父親，並沒有感到欣慰，而是老淚縱橫，自己費盡心思養大的孩子這樣對待自己，無論兒子出於怎樣的心理，這種行為都讓他備感寒心。

做人孝為先，孝敬父母不僅是兒女應該承擔的責任，更是一種人性的本能，我們都知道烏鴉反哺和小羊跪乳的故事，連動物都明白的道理，人難道不應該做得更好嗎？父母生養了我們，一把屎一把尿地將我們拉拔大，怕我們受苦受累，擔心我們吃不好穿不暖，為我們擋風遮雨，擠乾最後一滴血也無怨無悔，當他們年邁時，我們應該如何去做呢？

當然，他們不會提出過多要求，也不會讓兒女為了自己付出所有，但身為兒女，必須時刻感恩父母的付出，抱著報得三春暉的「寸草心」，給父母一份關愛，讓他們體會到源自兒女的關愛。「樹欲靜而風不止，子欲孝而親不在」，千萬別等到父母老了、永遠離開了我們再後悔莫及，抱憾終生。

虎父無犬子

良莠不齊的富二代

中國有句古話叫「虎父無犬子」，意思是說老虎不會生出狗來，用以比喻出色的父親一般不會生出平凡的兒子，這句話常常被用來誇讚成功人士的兒女，然而如今這種誇讚多少顯得有些虛偽，為什麼這樣說？先來看一則報導：

2009年，一起被稱為「胡斌飆車案」的車禍轟動大陸。在大陸的杭州文二西路西城廣場附近，幾個年輕人飆車，開著紅色三菱跑車的胡斌超速駕駛，將風華正茂的浙大畢業生譚卓撞出20多米，腦漿流了一地，當場死亡。

更讓人氣憤的是，就在如此的慘不忍睹現場，胡斌卻和其他人談笑風生，就像什麼也沒發生過，距離這輛肇事車輛不遠處還停著幾輛嶄新的豪華車，有保時捷、法拉利等。很顯然，這是一群年輕且不諳世事的「富二代」。

胡斌案開審時，在父親鉅額賠償的承諾下，胡斌當庭否認自己飆車，引發了民眾的憤怒。對「富二代」一詞，在大陸地區的《魯豫有約》電視節目中，主持人陳魯豫曾對此詞語給出這樣的詮釋：「上世紀八○年代出生，繼承過億家產。」

這當然是讓人「羨慕嫉妒恨」的投胎選擇，誰托生在這樣一個富得流油的家庭，還不得每天無聊就數錢，沒事偷著樂啊！

但這個群體很少被人讚譽，而是被多數人定義為「敗家子」、「腦殘青年」。如果你單單以為只有胡斌才這樣囂張跋扈，你可就大錯特錯了。

就在胡斌案發生後不久，在大陸成都的成南高速上，警方攔下了涉嫌超速駕駛的26輛法拉利等豪華跑車，車主都是清一色的「富二代」。

當然，在臺灣地區也都有出現過像這樣「富二代」的負面新聞。

這些怵目驚心的事實擺在面前，也許你會覺得，「虎父無犬子」只能成為過往，而今「虎父」能做的，也許只能是無奈地給自己的「犬子」收拾爛攤子，所以人們也常說「富不過三代」。

那麼是不是所有的「富二代」都是扶不起來的阿斗？當然不是，如果就這樣蓋棺定論未免有些倉促，因為在這一群體中，還是有相當一部分精英的，比如以下幾位：

擔任環保教育先鋒的美國有線電視新聞網創始人坦德．特納之子保．特納，他的夢想是讓所有孩子都能傾聽自然的聲音，為了實現這一夢想，他成立了「特納青年環保中心」，還跟「佛羅里達魚類以及野生動物保護協會」結成同盟，並被《紐約時報》稱之為「美國最有影響力的環保人士」。

全球矚目的巴菲特也有個出色的兒子，他叫霍華德．巴菲特，他長年在美國伊利諾州種植大豆與玉米，還曾遠赴非洲參與一場全球對抗飢餓的戰爭。霍華德名下的基金會斥資約3800萬美元推動各項計畫，其中甚至包括讓非洲農民免費使用美國孟山都公司開發的抗旱玉米生物科技。

大陸也有出色的「富二代」，比如山西鋼鐵業富豪李海倉之子李兆會，當年李海倉驟然去世，年僅二十二歲的他在巨大的壓力下承擔起集團的所有業務，重壓之下重振父輩事業，以超乎想像的成熟和良好的發展潛質，迅速獲得顯著業績，成為山西首富。

鑑於「富二代」這個群體真實存在於我們周圍，雖然有個別「紈綺子弟」充斥其中，但畢竟絕大部分的「富二代」為人低調，謙虛守法。因此，我們不妨以公正的心看待他們，正確認識他們的存在。同時要努力奮鬥，不怨天尤人，因為機會都是均等的，我們即使成不了「富二代」，也可以爭取成為「富一代」。

光宗耀祖

為了家族努力奮鬥

一提到「光宗耀祖」這個詞，喜歡戲曲的人一定會想到一句唱詞：「今幸得一舉登科，榮宗耀祖。」

古人常常先想到別人再想到自己，一般事業成功，載譽歸來時，會先感謝祖宗，然後自豪地輕舒一口氣，說：「我終於可以光宗耀祖，告慰先靈了！」如果一旦做了壞事，首先想到的也是「辱沒了祖先，對不起祖宗。」

《紅樓夢》中有這樣一個橋段：

當時崇尚「學而優則仕」，望子成龍心切的賈政一心希望寶玉用功讀書，透過科舉考試成為政府官員，飛黃騰達，光耀門楣。可是寶玉偏偏看不上科舉考試那一套，更不想當公務員，而且煩透了八股文章，不管賈政如何管束，他都「不走正道」。

某天，賈政看見小老婆的孩子賈環在園子裡到處亂竄，問他跑什麼。賈環因為嫉妒哥哥寶玉，就撒謊說有個丫頭因為寶玉想非禮人家，所以跳井死了。聽見這話賈政暴跳如雷，發生了這種傷風敗俗的事那還了得，大怒之下，他趕忙讓人把寶玉帶來。

寶玉聽見父親大人召喚，膽顫心驚地跑過來，賈政兩眼冒火，不問青紅皂白就叫人把他的嘴堵上，痛打一頓。看僕人打得輕，自己搶過來板子狠狠地拍了三、四十下。

擔心寶玉受不了，有小廝偷偷地把王夫人和賈母叫來，一見這陣勢，王夫人趕緊抱住板子，在丫頭的攙扶下，賈母也顫顫巍巍地跑出來，一邊哭一邊說：「先打死我，再打死他，大家都乾淨。」

聽了這話，賈政連忙跪下：「兒子教訓他，也是為了光宗耀祖，母親這話，我做兒子的如何禁得起？」

賈母氣憤地說：「呸！我說一句話，你就禁不起了，你下手打板子，寶玉就禁得起？你教訓兒子是光宗耀祖，當初你父親是怎麼教訓你的？」說著就哭得更凶，賈政慌了，趕緊承諾以後不再打寶玉。

據說「光宗耀祖」這一成語正是出自《紅樓夢》中的這一節。中國人一般都有宗譜、族譜，子孫的成就也會記載入冊，為家族增光。如今，宗譜、族譜逐漸退出了歷史舞臺，很多人根本不知道有這回事，但還有不少父母從小就教育孩子，好好學習，天天向上，為祖宗爭得顏面，似乎奮鬥都是為了老祖宗似的。

當然了，光宗耀祖這件事說起來未嘗不是種可貴的願望，只要努力工作，做好自己，無論做給誰看，都是一種積極向上的願望。只是有些人曲解了「光宗耀祖」的真正含意，以為「出人頭地、光宗耀祖」就是賺大錢，買房買車，衣錦還鄉，讓所有人投以羨慕的眼光，進而不惜鋌而走險，顛倒黑白，是非不分，最終鋃鐺入獄，名利全失。

隨著時代的不斷發展，傳統意義上的光宗耀祖已經不復存在，但它並沒有消亡，而是發生了轉變，往大的方面說，是轉化成為民族和祖國爭光，往小的方面說，則變成為家庭爭光，為生活添彩。

在溫哥華冬奧會女子 1500 公尺短跑速滑決賽中贏得桂冠的大陸選手周洋，奪冠後接受採訪時，對著鏡頭誠懇地說了這樣一句話：「拿了金牌後可能會改變很多，首先會讓自己更有信心，另外也可以讓父母生活得更好一點。」

周洋很清楚，自己的金牌不僅給祖國爭得了榮譽，還給家庭帶來了改善，一個人只有真愛自己、摯愛家人，才是有益於社會、奉獻於國家的人，而這種行為，才是真正的光宗耀祖。

最明智的人，不會為了老祖宗努力奮鬥，而是為了自己和家人的明天奮力拼搏，為了祖國和民族的榮譽不斷向前。

第參章 有關處世的二十個觀念

人情練達的智慧

來而不往非禮也

學會回敬你的對手

有人的地方就有江湖，有江湖的地方自然難免你來我往，你退我進。孔老夫子說：「來而不往非禮也。」人際交往中，為了禮數周到，別人送你禮物你得回禮，人家對你笑你也得回笑一下表示友好，只有這樣才能顯得謙恭，才能證明自己的儒雅。

這跟《詩經》中的「投我以木瓜，報之以瓊瑤，匪抱也，永以為好也」意思差不多，都是說只要別人對你好，給你恩惠，你就得以相同的方式回報別人，投桃報李。然而世事變幻，對方並不是只會對你好，有些時候還會做出惡意的事情，那麼這時候我們還要不要遵循「來而不往非禮也」的禮數呢？

中國向來是個以隱忍稱道的國度，很多關於退讓的語句我們往往能倒背如流，什麼「退一步海闊天空」、「得饒人處且饒人」、「多一事不如少一事」……這也讓很多人在別人示好的時候積極回應，滴水之恩湧泉相報；但當別人拿出「炸彈」，露出「冷笑」的時候，很多人就偷偷轉身，選擇隱忍。

當然，在某些時候隱忍是必須的，雞毛蒜皮的事情，街頭巷尾的糾紛，忍忍也就過去了，沒什麼大礙，還可以避免很多麻煩。但在原則問題上或你死我活的事情上，如果一味退讓、忍受，則只能讓對手一步步逼近，得寸進尺。

章翠華和劉艾娟是同一屆畢業的大學生，兩人同時應聘到一家商貿公司，因為都是新人，上司把她們分配到了同一個部門，章翠華做客服，劉艾娟做銷售。

雖然學歷和資歷都差不多，但章翠華和劉艾娟的個性大相徑庭，章翠華個性隱忍、為人低調，而劉艾娟則是個性好強，習慣於事事爭先的女孩。

剛開始工作時，兩人配合得挺好，劉艾娟拉來客戶，章翠華負責維護，兩人的業績獎勵常常不相上下。但久而久之，劉艾娟覺得很不平衡：「憑什麼我辛辛苦苦拉來客戶，她只簡單維護一下，就能分到跟我差不多的獎金？」她開始對章翠華處處刁難，有時還對她橫加指責。

一向不願與人為敵的章翠華始終隱忍，從來都不加辯解，她覺得大家都不容易，如果自己計較起來，很有可能讓劉艾娟丟了工作。她一直認為，只要自己再退一步，劉艾娟一定會理解她，然而讓她想不到的是，自己的退讓絲毫沒有讓劉艾娟收斂，反而變本加厲起來。

一天，劉艾娟因為溝通不暢流失了一個客戶，上司問章翠華是怎麼回事，章翠華還為劉艾娟說好話，可是劉艾娟非但不領情，反而說是因為章翠華說錯了話客戶才不願跟公司合作的。因為這個客戶對公司來說非常重要，上司一氣之下將章翠華辭退了。這時她才突然發現，一味退讓非但沒有讓別人體諒自己，反而害自己丟了工作，看來以後不能再這樣「仁慈」了。

後來，換了工作的章翠華吃一塹長一智，終於參透了「來而不往非禮也」的真諦，也終於學會用適當的方式保護自己、回敬對手，這讓她的事業上了一個新的臺階。

具有中國式智慧的「來而不往非禮也」其實是個中性詞語，想準確詮釋它的意思，必須要看使用它的場景。在善意的情況下，它所指的是「你敬我一尺，我敬你一丈」、「彬彬有禮」，而在惡意的條件下，則只能是「態度強硬」、「以牙還牙，以眼還眼」。

事實證明，想在事業和人生中始終立於不敗之地，除了抱有儒雅謙恭的態度，還得在必要的情況下勇敢地回敬對手。正確運用「來而不往非禮也」這句話，對別人施加於自己的行動做出相應反應，「人不犯我，我不犯人，人若犯我，我不退縮。」

君子之交淡如水

古人的人際關係學

中國古代深諳人際關係學的人數不勝數，也由此衍生出各種經驗之談，其中最為著名的就是「君子之交淡如水。」

儒家認為，人與人之間除了親情之外，最重要的就是朋友，要如何對待朋友才是最恰當的呢？

在中華傳統文化所提倡的朋友之道中，不為名利，不尚虛華，以誠相待，相互欣賞，相互理解，不盲目，不附和，雖然看起來像水一樣平淡，卻可以長久如初，這才是君子之道。

唐朝貞觀年間，有個名叫薛仁貴的壯士因為家境貧寒，和妻子住在一個破窯洞中，衣食無著，全靠親戚、朋友的接濟度日。

薛仁貴有個很好的朋友名叫王茂生，此人從不嫌貧愛富，從沒有抱怨過薛仁貴對自己沒有一丁點的好處，每次到薛仁貴家接濟他時從不多說，放下東西就走。

後來薛仁貴應徵入伍，跟隨唐太宗李世民御駕東征，由於表現突出功高蓋世被封為了「平遼王」，身價直線上升，徹底告別了過去的窮日子。

一登龍門，身價百倍，原來對他從不問津的人紛紛登門，前來送禮的文武大臣也絡繹不絕，但薛仁貴誰的禮也不收。

幾天後，王茂生擔著兩個大大的罈子到了王府，薛仁貴連忙起身相迎，並請他吃了一頓大餐。王府上下議論紛紛，這人是什麼來頭，怎麼得此厚待？而且從不收禮的王爺居然收了他的「美酒」。臨走時，薛仁貴想贈予他黃金百兩，他卻什麼也不要，拍拍屁股就走了。

王茂生離開後，薛仁貴令負責啟封的執事打開酒罈，沒想到執事打開後面如土色，因為罈子裡裝的不是美酒而是清水！他想撇清責任，趕忙說：「王爺，此人居然如此大膽戲弄王爺，我這就令人重罰他。」

薛仁貴毫不在乎地走上前來，令執事官取來大碗，當眾喝下了三大碗清水，然後哈哈大笑起來。眾人十分納悶，薛王爺今天是怎麼了？請叫花子吃飯，還喝他送來的水？

就在眾人議論紛紛的時候，薛仁貴說出了原委：「我過去落難時，全仰仗王兄夫婦的接濟，沒有他就沒有我今天的榮華富貴，如今我不喝美酒，不收厚禮，偏偏要收下王兄弟的清水，因為我知道他生活並不富裕，清水也是他的一番美意，這就叫君子之交淡如水。」

後來，薛仁貴常常幫扶王茂生，並與他們一家交往甚密，他們的這段感情被後人做為佳話流傳了下來。

真正的朋友正是如此，雖然交情淡的像水，感情卻很濃厚，不含任何功利，不計任何得失。這樣的朋友即使平日裡與自己沒有什麼交集，心依然離得很近，當你遇到困難，他們會毫不猶豫地上前，當你富貴榮華的時候，他們卻很少跑來湊熱鬧。

在中國浩若繁星的文學作品，尤其是古代題材中知心摯友並不少見，比如《三國演義》中劉關張的「桃園三結義」。這三個身分、閱歷各不相同的志士之所以聚在一起，正是因為「志同道合」。想來一介村夫的劉備，文不如曹操，武不敵孫權，卻能在激烈的軍閥爭鬥中屢敗屢戰，最後三分天下得其一，軍功章自然要有關羽和張飛的一半，若不是這兩個赤膽忠心的朋友，他的天下從何而來呢？

然而當今社會，這樣的交情卻越來越少，取而代之的是「貧居鬧市無人問，富在深山有遠親。」酒肉朋友多，知心好友少，以致於有福同享時人多，有難同當時卻找不到人，這不能不說是種悲哀。

要想獲得與自己赤誠相待，有苦共用、有難同當的好兄弟、知心朋友，首先要以一顆誠摯的心對待別人，在別人富貴之時不為利驅，在別人遇難之日雪中送炭，親君子、遠小人，這樣才能交到真正的朋友。

真正的朋友如清水般平淡，卻甘之如飴，「水」是每個人生命中必需的，唯有「水」一樣的朋友才能讓我們的生活更美好，事業更坦蕩。

窮則獨善其身，達則兼濟天下

吃飽了不餓，再談理想

在《孟子・盡心上》中有這樣一則小故事：

某天，孟子對宋勾踐說：「你不是喜歡遊說各國君主嗎？我告訴你遊說應該抱有的態度：別人理解也能安祥自得，別人不理解你也得安祥自得。」

聽了孟子的話，宋勾踐很奇怪：「那怎樣才能做到安祥自得呢？」

「很簡單，尊崇道德，喜愛仁義，自然就能安祥自得。所以說士人窮困時不失去仁義；顯達時不背離道德。窮困時不失去仁義，所以安祥自得；顯達時不背離道德，所以老百姓不失望。得志時恩惠施於百姓；不得志時修養自身以顯現於世。窮困時獨善其身，顯達時兼善天下。」孟子認真地告訴他。

這正是「窮則獨善其身，達則兼濟天下」的出處，做為中國文化精髓的「儒道互補」，這句話的前面部分表達了儒家理想主義、入世精神；後半句則表現出道家的豁達態度和處世境界。

也許有人會覺得，這句話在現代沒什麼實際意義，世事難料，人生苦短，還是別想這麼多，再獨善其身也不能當飯吃，先自己吃飽了不餓再來談理想吧！

有一位中年男子，他因為酷愛收集舊書，搞得自己傾家蕩產，債臺高築，家裡除了一屋子舊書外什麼都沒有。別人問他為什麼要這樣做，他說要為村裡建一個圖書館，讓村民們都能免費看書。

看到這裡，也許很多人都會覺得他很崇高，然而事實並沒有這麼簡單，他並非單身，家裡有一個含辛茹苦為他操持家務的老婆，和一對兒女，兒子年僅十五歲就上不起學到縣城打工，而他除了收集舊書別的什麼都不做，不僅自己要靠老婆擺地攤養活，連收舊書的錢也是從老婆手裡要來的。

更可笑的是，為了證明他的舊書對別人有用，他列舉了一個村民的例子，因為看了他收的舊書，這個村民學會了混凝土技術……

在說這些的時候，他卻從未想到，別人都能從書裡學到些賺錢養家的本事，整天收舊書的他卻只能讓老婆和孩子受苦。

最後，老婆給他下了最後通牒，如果他堅持繼續這樣做，只能離婚。他不同意離婚，卻死也不肯認錯，也一直不覺得自己的行為有問題，還始終認為自己是個聖人，覺得自己這樣做是在「兼濟天下」。

做為一個男人，在沒有能力養家糊口的基礎上，什麼都是空談，如果「兼濟天下」只是他偷懶、遊手好閒的藉口，那麼這樣的「兼濟」還是不要為妙。

當然，這並不是說讓我們每天只想著自己，其他什麼都不管不顧。孔子說：「士而懷居，不足以為士矣。」如果每天只顧埋頭「讀聖賢書」，過自己的日子，那麼這個人如何才能有所成就，怎樣才能成為真正的君子呢？

遙想當年，詩聖杜甫在破陋的茅屋中，忍著漏雨的鬱悶，想的卻是「安得廣廈千萬間，大庇天下寒士俱歡顏」；一生清廉的范仲淹，認為做為士人無論是「居廟堂之高」，還是「處江湖之遠」，都必須抱有「先天下之憂而憂，後天下之樂而樂」的崇高思想。

只有在人生得意時要盡可能幫助別人，使周圍人都能分享到你所擁有的快樂和幸福；在人生低谷或默默無聞時，你則應該為自己的將來打基礎，先吃飽飯，然後奮力實現遠大的理想和抱負，這樣你的人生意義才能得到昇華。

打狗看主人

不要惹那些有來頭的傢伙

在中國傳統文化中，狗一直是種「倒楣」的動物，古往今來但凡涉及到「狗」的詞，往往都是貶義的，比如罵貪官會稱之為「狗官」，謾罵別人時會用「放狗屁」，寫文章寫得不好叫「狗屁不通」，壞人聚在一起叫「狐朋狗友」，說一個人行為不檢點叫「偷雞摸狗」，兩個壞人打架叫「狗咬狗，一嘴毛」，說一個人好惹事會被批為鬧得街坊鄰「雞犬不寧」……

在眾多「狗文化」中，有這麼一句話算是讓狗暫時有了立足之地，那就是「打狗還得看主人」。在打狗的時候，要多少看看主人的薄面，能放一馬就放一馬，別痛打一頓的。

古人認為，狗就是主人的顏面，你打了他的狗，他面子上過不去，回過頭來自然會想辦法拿回這個面子的損失，如果萬一主人還有些來頭，那麼他要算帳的時候，你可就慘了！

某報紙曾刊登過這樣一則新聞：

在鬧市街頭，一夥人群毆打某青年，捅了二十多刀，幾乎刀刀致命，青年當場死亡，究其原因，居然是「一隻狗引發的血案」。

被捅死的王姓青年原是社會上的不良少年，幾天前到網咖上網，出門時因為屋子裡光線太暗，一不留神踩了同在網咖上網的某「大哥」腳下盤踞的寵物犬一腳。那位「大哥」氣勢洶洶地讓他跟狗道歉，他不肯，於是兩人當場扭打成一團。因為勢均力敵，所以誰也沒能佔到便宜。豈料幾天後，王某再次到網咖上網，出來就被「大哥」的幾個手下圍住，發生了開頭講述的那一幕。

如果當時王某踩的那隻狗不過是一條沒有主人的流浪狗，大概他還能悠哉悠哉地上網玩遊戲，好吃好喝地活下去。可惜不幸的是他踩錯了狗，而且忽略了狗主人的威力，以致於最終因為一隻狗命喪黃泉。

當然，挨「打」的有時並不只是隻狗，還有可能是某個看起來落魄的人。

無論是影視劇還是現實生活中，我們總聽到有人向身後伸著大拇指神氣地說：「某某官員跟我是親戚」、「我是皇親國戚」……這種人的嘴臉和說話的語氣雖然惹得你想打他大耳光，但大多數人聽到後心裡也會產生過多多少少退縮的念頭。

看到這裡，你也許會覺得，做人還就得「勢利」點，看人說話，而不能就事論事。但果真如此嗎？欺軟怕硬，沒有後臺就仗勢欺人，有後臺就讓他幾分，這樣一來道義何存呢？

事實上狗永遠是狗，無論有主人還是無主人，是不是有機會仗勢欺人，都無法掩埋牠軟弱的本性。因此，打狗是不需要看主人的，主人對狗往往只是種利用，沒什麼深厚感情，一旦失去利用價值，也就成了喪家之犬。狗的祖先是狼，而狼的天性是貪得無厭，永遠餵不飽，一味退讓牠非但不會退卻，反而會變本加厲，甚至吃人。

魯迅先生說：「要痛打落水狗。」其實不管這狗是否落水，只要牠仗勢欺人，恃強凌弱，做為正義的一方，我們就應該「該出手時就出手」，別去顧忌牠的「後臺」，也不要被牠的囂張氣焰壓倒。當然為了不讓狗咬傷，自己賠上醫藥費，還得事先練就一定的「駕馭術」，才能手到擒來。

仁者愛人

四海之內皆兄弟，多個朋友多條路

兩千五百多年前的一天，孔子弟子司馬牛找到孔子，向他請教如何才能當上君子，孔子告訴他：「不憂愁、不害怕就是君子。」

司馬牛不明白，孔子解釋道：「因為君子會經常反省自己，所以內心毫無愧疚，既然問心無愧，還有什麼可以憂愁和害怕的呢？」

辭別孔子後的司馬牛找到師兄子夏，他憂心忡忡地說：「人家有兄弟的人是多麼快樂啊，唯獨我沒有！」

聽了他的話，子夏安慰他說：「我聽說一個人的生與死都得聽從命運的安排，而富貴則是由天安排的。君子只要對工作謹慎認真，不出差錯；跟人交往的態度恭謹誠懇，那麼普天之下到處都是兄弟，你又何必擔憂呢？」

曾有網友戲謔道：「人在江湖混，哪有不挨刀呀！」有人的地方就有江湖，人在江湖必然身不由己，如果江湖上沒有幾個朋友，「混」的時候就難免遇到難處，挨了別人的「刀」。所以說想混得開，就得抱著「四海之內皆兄弟，多個朋友多條路」的理念，多交朋友，交可靠朋友。

也許你會說，交朋友不難，但是交可靠的朋友就有些難度了。誰知道對方是善是惡，是好是壞呢？如今隨著生活節奏的不斷加快，社會開始變得浮躁和功利，人與人之間有著太多分不清的是非真偽，而只有在辨別時擦亮雙眼，我們才能找到真正的朋友，獲得真心的友誼。

有兩個形同兄弟的朋友一直患難與共，相互扶持，上帝不相信人間存有真正的友誼，於是設計考驗他們。

有一次，這兩個人去沙漠探險，不料卻迷失了方向，眼看就要死了。此時上帝出現在他們面前，說：「孩子們，前面樹上有兩個蘋果，誰吃到大的那個，誰就能順利走出沙漠，誰吃到小的那個則會在途中痛苦地死去。」

他們繼續往前走，果真發現了那棵蘋果樹，但兩個人都沒有碰那個能帶來生命之光的果子。深夜降臨，他們深情地凝望著對方然後沉沉睡去，都認為這是他們活著的最後一晚。

第二天，當太陽再次升起，其中一個朋友醒了，他發現另一位朋友不在了，而樹上只剩下一個乾巴巴的小蘋果，他哭了，不是因為害怕死亡，而是因為朋友的背叛。他悲憤地吃下蘋果，繼續往前走。日上三竿的時候，他看見了已經停止呼吸的朋友，他手裡緊緊握著另一個更小的蘋果。

毫無疑問，這種為了對方坦然地活下來而不惜犧牲自己的人，才是真正值得我們結交。《美國社會學評論》曾刊登過一項調查報告，結果顯示現代人真正的朋友已經越來越少，有四分之一接受調查的人甚至認為自己沒有真心朋友，沒有任何人值得信任。還有人甚至談友色變，不知道該如何才能獲得真正的友誼，以致於寧肯一個人孤獨，也不願與人結交。

其實想擁有真正的朋友倒也不難，人常說「物以類聚，人以群分」，也就是說君子會擁有一大批君子成為朋友，而小人則只有可能吸引到眾多小人，想和君子做朋友，我們自己首先得是個君子。

孟子說：「君子所以異於人者，以其存心也。君子以仁存心，以禮存心。仁者愛人，有禮者敬人。愛人者，人恆愛之；敬人者，人恆敬之。」所謂仁者，是指充滿仁愛之心，滿懷愛意的人，這類人往往具有大智慧和豐富的人格魅力，而且十分善良。做到這一點，身邊的君子就會多起來，就會交到真正的朋友。

萬般皆下品，唯有讀書高

知識改變命運

從古至今中國人就崇尚讀書，單單從「萬般皆下品，唯有讀書高」這句話中我們就不難看出。這句話告訴我們做任何工作都是低俗的，只有讀書才是上乘的品味。

也許有人會好奇，為什麼古人以讀書為最高境界，是什麼吸引他們如此癡迷呢？其實這是有原因的，正所謂「書中自有黃金屋，書中自有顏如玉」，看看古代讀物我們了解到，無論是《聊齋》中的美麗狐仙，還是《西廂記》中的崔鶯鶯都喜歡孜孜不倦的讀書郎、溫文爾雅的文弱書生，書讀得好不僅可以仕途得意，更能得到美人的垂青。

無可厚非，皓首窮經是古代知識份子孜孜以求並引以為榮的人生樂事，而「萬般皆下品，唯有讀書高」也是古聖先賢指點和激勵後生弟子勤勉治學、求取功名的諄諄之言。古往今來，從讀書上獲得仕途，由讀書一躍成名的人不勝枚舉，用現代的話來說就是「知識改變命運」。

不管是歷史偉人，還是著名的科學家、藝術家，或者某個普通的老百姓，知識都能改變他們的生活，就連擺個小攤做個小生意的普通人，想養家糊口也得會一些簡單的加減乘除，否則連最基本的溫飽也難以保證。

把讀書視為高於一切的理想來追求雖然有些誇張，但也不失為出人頭地的途徑和手段。時至今日這句話非但沒有落伍，反而越來越值得推崇和發揚：讀書好了，就能有好工作；讀書好了，就可以有好報酬；讀書好了，能有更好的生活；讀書好了，選擇的伴侶也會是條件更好的……似乎只要書讀得好，世界就會變得五光十色，充滿幸福。

但另一個問題隨之而來，讀書好是否就意味著一切都好呢？讀書出色的人是否人品好？他的思想、行為、道德是否都隨之提升一個級次？用功讀書是否真的就萬事皆通嗎？

有一位名叫楊元元的女研究生在宿舍的廁所，用兩條纏在一起的毛巾將身體懸掛在水龍頭上，結束了自己年僅三十歲的生命。

在她最後一次和母親談話時，曾說過這樣一句話：「知識不能改變命運。」

此事一經報導，立刻在社會各界引起廣泛關注，一個高學歷、高智商的名校研究生，為何用這種方式結束自己的生命呢？

楊元元當然不是因為生來貧窮而自殺，她是上了20年學，名校畢業，然後工作了七年卻依然貧窮而自殺的。這不是貧窮惹的禍，而是知識沒有改變她的貧窮而引發的絕望。

看到這裡也許你會說，這是不是說讀書無用呢？看看那些高學歷、高知識的人步入社會後還不如國中就畢業打工的藍領收入高，想想這些年的學都白上了。這當然是種謬誤，讀書並非一無是處，關鍵是我們將目標定位在何種方式上，是否學會了用知識這種工具改變命運。

隨著現代社會的迅速發展，不讀書顯然無法在職場和人際關係中立足，但如何讀書，讀什麼書，怎樣才能從書中汲取到有用的知識顯得更為重要。

這裡的「讀書」並非一般意義上的閱讀或單純對學歷和功名的追求，而應該是更加廣泛意義上的學習，包括一切可以提高生存能力的工作技能培訓，唯有如此，知識才能為你所用，進而真正改變命運。

塞翁失馬焉知非福

保持一個良好的心態

相信所有人都曾聽過「塞翁失馬」的故事，聰明的塞翁用切身經歷告訴我們，有些事情看起來像是壞事，也許背後隱藏著好運，而有些時候看起來像是好事，背後也許埋著禍端。正如老子所說：「福兮禍所伏，禍兮福所倚。」

也許很多人會認為塞翁能未卜先知，但事實並非如此，他何嘗不想一切順順利利，既不失去馬，也不讓兒子受傷，但這些都不是他的意志所能轉移的，他也根本沒有預知後事的能力，那他為何能處亂不驚，又怎麼做到沉著應對的呢？這無非擁有一個好的心態。

人生在世，很多事情是福是禍單從表面是難以判定的，正如硬幣有正反兩面，事情也有兩面性，沒有絕對的好事，也沒有絕對的壞事。當你認為一件事情很糟的時候，也許其中暗藏著機遇，而當你認為好運連連時，後面的發展卻未必很好，所以睿智的人在面對所謂壞事時都會保持一個良好的心態，努力從「壞事」背後尋找命運的轉機。

1924年，美國西部發生了一場大火，這場大火讓很多人遭受了重大損失，損失最嚴重的是一位名叫尼克爾斯的家具商。在這場大火中，他的大房子被燒了個精光，其中還包括他準備出售的家具。

大火過後，面對滿地狼籍、一片廢墟，一無所有的尼克爾斯痛心不已，坐在地上抱頭痛哭。他一邊哭一邊暗想，與其這樣閒坐著傷心，不如看看還有沒有什麼值錢的東西，生活還得繼續啊！

他不甘心地四處尋找，突然被一塊已經燒焦的紅松木吸引住了，這塊紅松木的形狀很獨特，而且上面還有漂亮的木紋。尼克爾斯馬上拿起那塊木頭用一塊碎玻璃小心翼翼地刮去上面的沉灰，在地上找到一張砂紙將它打磨光滑，然後在上面塗上了一層清漆。

做完這些後，他驚喜的發現這塊被燒焦的紅松木呈現出一種溫暖的光澤和特別清晰的木紋，他忍不住狂叫起來：「我有辦法了！我又有錢了！」

原來，這次意外的火災激發了尼克爾斯的靈感，他由此製作出了美觀大方且新穎獨特的仿紋家具，生意也變得比原來更加興隆。

生意做起來，尼克爾斯也變得更有名氣了，有人在報紙上評論說：「尼克爾斯獨具一格的家具如同一隻在灰燼中死而復生的不死鳥一樣蓬勃興起。」

如今，尼克爾斯創造出的第一套仿紋家具被收藏在法國州博物館，他的命運也因此改變了。

幸運的尼克爾斯在絕望中看到了轉機，在沮喪失意的時候重新贏回了自己，也許你會覺得，這只是因為他運氣好，其實並非如此，在那樣的境況下假如他一蹶不振，從此灰心喪氣，也許街頭會多出一個乞丐而不是一個發明了仿紋家具的成功者。

任何一座山，在陰暗的另一面，必定是陽光明媚。有首歌唱得好：「風雨過後就是彩虹」，天底下沒有絕對的壞事，擁有好心態的人，從不把目前的情況看成絕境，而是沉著冷靜直接面對恐懼，進而斬獲成功，因為他們知道，危險不只是困難，還有可能是考驗自己的最後關卡。

公說公有理，婆說婆有理

人多嘴雜，要有自己的主見

有對爺孫兩人一起去趕集，回去的時候買了一頭驢，爺爺覺得孫子小就讓他騎在驢身上，自己悠哉悠哉地走在前面牽著驢。

走了一會兒，路上的人紛紛議論，說當孫子的太不孝順了，自己騎驢讓老人家在前面走路，成何體統啊！孫子聽了連忙下驢，讓爺爺騎著走。又過了一會兒，有人在後面指指點點：「哪有這樣當爺爺的，不疼孫子！」爺孫倆乾脆都不騎了，牽著驢走。

可是不一會兒就聽見後面有人笑話他們：「放著好好的驢不騎，自己走路，這兩人真傻啊！」聽了這話，爺孫倆都騎上了驢，以為這樣終於沒事了，沒想到走了一段路就聽後面有人說：「這兩人心真狠啊，存心想把驢累死！」

萬般無奈的爺孫倆，最後只得把驢的四個蹄子綁起來抬著走了。

爺孫倆在別人的多次議論下改變主意，最後不得不做了最愚昧的舉動，成了眾人的笑料。雖然這只是個笑話，但像這種缺少主見的人現實生活中不在少數。

中國人常說「公說公有理，婆說婆有理」，意思是雙方爭執不下的時候，都覺得自己有道理。這也說明了一點，每個人都有自己的觀念和想法，每個人都有自己看待事物的角度和獨特見解，所以「人多嘴雜」。如果只是一味顧忌別人的想法，總想取悅他人，不動腦子，沒有自己的主見，那什麼事也做不了，什麼工作也完成不好。

也許有人會說，如果什麼都不聽別人的，剛愎自用，是不是更容易犯錯？這裡所說的凡事依靠自己拿主意，不聽別人隨意的指點，並不是說別人中肯的意見不能聽，只一意孤行、孤芳自賞，而是要忠於自己，相信自己，對自己的承諾負責，敢於承認自己的缺點，更敢於接受面臨的挑戰。

索尼亞．斯米茨是美國著名的女演員，但她童年時並不出眾，而且十分自卑。

出生在加拿大渥太華郊外農場主家庭的索尼亞年幼時期在農場附近的一個國小讀書。一天，她剛回到家就委屈地哭了，父親問她為什麼哭，她邊哭邊說：「我們班裡有個女孩子說我長得很醜，還說我跑步的姿勢難看。」

聽完她的哭訴，父親並沒有安慰她，而是微笑地看著她，突然說道：「我能用手勾到天花板！」淚眼矇矓的索尼亞抬頭看向近四米高的天花板，立刻停止了哭泣，驚奇地反問道：「你說什麼？」

父親重複了一遍自己的話，索尼亞滿臉不相信的神情，父親得意地對她說：「妳不信？哈哈，這就對了，因為這原本就是不可能的，那個女孩子說的話跟我說能勾到天花板是一樣的，根本不用相信，因為她說的並不是事實。」

這件事讓索尼亞明白了一個道理：不能太在意別人說什麼，凡事得自己拿主意。

二十四、五歲時，索尼亞已經是個頗有名氣的年輕演員了。一次，她準備參加一個集會，但經紀人告訴她因為天氣不好，可能只有很少的人會去。經紀人的意思很明確，索尼亞剛剛出名，應該用更多時間參加大型活動以增加人氣。但索尼亞並沒有聽經紀人的話，因為她曾在報刊上親自承諾參加這次集會，要信守諾言。

那次雨中集會果然去的名人很少，但是有了索尼亞的到來，廣場上的人群擁擠起來，從那之後她的演藝事業蒸蒸日上，名氣和人氣成倍上漲，身價也驟升了。

人生在世，原本屬於自己的時間就不多，如果再總被別人的思想所左右，那就更沒有自己的時間和空間了。生命的可貴其實就在於按自己的想法生活，做好自己，為自己而做，為夢想而活。

一日為師終生為父

尊師重道

尊師敬長，從來都是中華民族的傳統美德，在中國古代老師的社會地位是很高的，古人認為應該受到特別尊崇的對象有五個：天、地、君、親、師，也就是說除了天地、皇帝及自己的雙親，最值得尊敬的就是老師了。

在儒家經典《白虎通義》中曾特別強調：人有三尊，君、父、師也，這比之前的「天、地、君、親、師」更進了一步，將老師放在了前所未有的高度，甚至有些出色的老師，比如孔子，連天下至尊的皇帝，對他也得頂禮膜拜，將其譽為「至聖先師」。

宋朝的程顥和程頤兩兄弟很有學問，有位名叫楊時的進士為此放棄了高官厚祿，不遠萬里跑到河南潁昌拜師學藝，虛心求教。

剛一開始楊時拜程顥為師，每日勤學苦練，侍師如父，後來程顥去世了，他自己也已經四十歲，但依然立志求學，又跑到洛陽準備拜程頤為師。

當時正是隆冬臘月，楊時和朋友游酢一起到程家拜訪，不巧剛好遇到程老先生正在屋子裡閉目養神，此時外面已經開始下雪，兩人求師心切又不忍打擾老先生休息，於是恭恭敬敬地侍立在門外，不言不動地等了大半天。

等程頤睜開眼睛的時候，不由得大吃一驚，門外的積雪已經一尺多厚了，兩個人像雪人般站在那裡，身上蓋滿了雪花，臉上卻沒有一絲的疲倦和不耐煩，滿眼都是殷切的目光。

這就是「程門立雪」的故事。

在《鳴沙石室佚書．太公家教》中有這麼一句話：「弟子事師，敬同於父，習其道也，學其言語。……忠臣無境外之交，弟子有束修之好。一日為師，終生為父。」

意思是說學生侍奉老師，應該跟對待父親一樣恭敬，要學習老師的文化知識和道德為人，學習老師說話的方式和技巧……做為學生必須要有給老師主動束修的好意，即使只當過你一天的老師，也要一輩子把老師當作自己的父親一樣來敬重。

在古人心目當中，老師的一舉一動關係到一個人的一生，甚至後輩，因為在老師身上學生不僅能學到知識和學問，還能學到很多做人的準則，無怪乎古人對老師如此敬重。然而時至今日，這種尊師重道的禮儀開始慢慢隱退，不要說「一日為師終生為父」，就連最起碼的尊重有時也很難做到。

當然，除卻社會浮躁、人心不古的原因之外，這種學生和老師情感上的割離並不單單是學生的問題，師生關係的不和諧與老師也有直接關係。

古希臘哲學家畢達哥拉斯說：「你能透過學習從別人那裡獲得知識，但教授你的人卻不會因此失去了知識，這就是教育的特性。」

我們之所以要尊敬老師，是因為老師教我們有益的知識。假如老師無法擔負起這一重任，而是徒有虛名，那麼「一日為師終生為父」也不過是一句空話。

某新聞報導中曾披露過一則驚人訊息，某學校某老師因為學生上課不認真聽課，氣憤之餘將學生推下了樓。

無獨有偶，前段時間網路上曝光了一段影片：某幼稚園老師因為學生不好好吃飯，用針在學生身上扎了二十多針，還兇狠地告訴她：「不許告訴家長。」

這些事例讓人震驚的同時也讓人寒心，這樣的老師，如何為人師表，怎麼把他當作父親來看待呢？

因此，一日為師終生為父必須首先得有個前提，那就是這個老師必須擔得起「父親」的角色。

當然，在教師的隊伍裡，還是有很多好老師，我們所提倡和繼承的「尊師重道」自然是為他們而設，這種老師必定會成為眾人學習的對象。

無規矩不成方圓

按規矩辦事

某人和女朋友一起逛街，走到十字路口看見紅燈便闖了過去，女朋友很生氣地說：「你這人連紅燈都敢闖，什麼違法的事不敢做啊！」於是怒氣沖沖的跟他分手了。

不久後，這人又交了一個女友，逛街的時候又看見紅燈，他老老實實地等在那兒，女朋友很不耐煩地說：「你這個人真死板，連紅燈都不敢闖，還能幹些什麼？」於是又跟他分手了。

此人從此左右為難：這紅燈我到底要不要闖？我闖也不是，不闖也不是！

儘管這只是則笑話，但道出了一個事實，那就是有些人對法律和規則的漠視。現實生活中，規則意識缺失的現象隨處可見，小到闖紅燈、不走斑馬線、隨地吐痰、亂扔垃圾，大到隨意違約、行賄受賄、坑蒙拐騙。

很多去其他國家旅遊的人也許會發現，西方國家的人比中國公民顯得「迂腐」。在公共場合，哪怕只有兩三個人在一起也會排隊，上公車從來都是井然有序，一點也不像中國那樣一哄而上、你爭我搶、擠成一團。

其實兩個人一起排隊並不可笑，而沒有規則意識，不按規矩辦事才是可悲的。如果規矩形同虛設，做為個人會難以讓人信任，做為社會久而久之則必定混亂無序。

衡量一個國家、一個城市的文明程度，最重要的象徵恰恰就是這種規矩。

某地為了招商引資曾開出了十分優厚的政策條件，不僅免稅、免費，審批手續也可放寬，而且很直接地告訴對方，可以「先上車後買票」。

然而如此優惠的政策卻把投資方嚇跑了，主事者追問原因，投資方含蓄地告訴他們，一開始就不遵守法律和規則，不按規矩辦事，哪能有良好秩序，這樣的地方誰還敢投資？錢打了水漂都沒地方去哭！

中國的傳統文化向來十分重視「規矩」。在《孟子・離婁上》中有這樣一句話：「不以規矩，不能成方圓。」沒有規和矩，就不能製作出方形和圓形的物品，沒有行為舉止的標準和規則，什麼都做不好。

在媒體聚光燈前，中國聯想集團創始人柳傳志從來都是溫文爾雅，笑容可掬，實際上他是個十分嚴謹的人，而且向來嚴以律己。

在聯想集團中有一個雷打不動的規矩，那就是每週開一次辦公例會。某段時間有些與會的主管不夠重視，總是因為種種原因遲到，常常讓很多人因為等一兩個人而浪費時間。於是柳傳志補充了一條會議紀律：以後凡是遲到者必須在門口罰站五分鐘，以儆效尤。

紀律頒佈後立竿見影，誰都怕丟面子，所以早早就到了會場，遲到的人果然少了很多。有一次，因為一位客戶的電話打得時間太久，每次都按時到場的柳傳志居然遲到了。他急匆匆地走進會場後，滿臉歉意地向所有人道歉解釋原因，並自覺地在大門口罰站了五分鐘。

有人常常說：「規矩是死的，人是活的。」因此很多人會用各種「潛規則」試圖讓規矩變鬆，找關係「通融」，用金錢「擺平」，借權力「放行」。對執掌規矩的人來說，假如深諳人情世故，時常網開一面、特事特辦、法外施恩，會被認為「會做人」、「會辦事」，而真正守規矩、講原則的人，則往往被嘲諷為死板、「木頭腦袋不開竅」。

殊不知，恰恰是那些剛正不阿的「木頭腦袋」最終站在了正義的一方，而不管你是「通融者」還是「被通融者」，這樣的事情做多了，你離危險就越來越近了。因為所有的規矩都不是憑空產生的，所有的法律和規則都是不可跨越的，不按規矩辦事，妄圖透過「潛規則」蒙混過關，一不留神下一個被「潛規則」的就是你。

肥水不落外人田

扶植「自己人」

在中國，「自己人」的概念很廣泛，親戚、朋友、同學，甚至老鄉都屬於這個範疇，這些紛繁複雜的「自己人」構成了中國人特有的交際圈。

而在中國人內心深處，不管是親戚還是朋友，也無論是同學還是老鄉，只要是「自己人」，任何時候都能享受到特有的待遇，受到獨一無二的扶持，所以中國人常說「肥水不落外人田」。

中國很多發展良好的大型集團都是家族式企業，經濟大權掌握在自己人手裡，最肥的差事被親戚、朋友所搶佔，尤其是涉及到某些實際利益時更是會讓「自己人」近水樓臺先得月。這樣做的好處是有目共睹的，畢竟自己人最可靠，好事、壞事都能擔著，一旦出了問題，也不會坑自己人。

其實對中國人來說，除了自己的親戚、朋友，「老鄉」也是種獨有的重要人際關係。「老鄉見老鄉，兩眼淚汪汪。」獨在異鄉遭遇老鄉，如果遇到點困難或手頭拮据，老鄉一般會毫不猶豫地慷慨解囊；當老鄉遇到點難處或求助於你，你也會不假思索地給予幫助，按照「資源分享」的原則給予適當的「照顧」。這樣一來，我們的人生之路就多出一些「自己人」，自然少碰釘子少吃虧，多蒙照應多受益了。

清末的大太監李蓮英在小時候也是貧苦人家的子弟，由於生活所迫，李蓮英打算到宮裡當太監，可是個子瘦小的他根本不夠資格，怎麼辦呢？聰明的他聽說宮裡有個掌權太監是自己的同鄉，就大著膽子前去求助。

當時很窮，李蓮英根本沒有錢買東西送禮，但他知道這位老鄉很重鄉情，就看準老鄉當值那天跑去報名，用一口道地的家鄉話說出了自己的姓名和籍貫。老鄉聽了李蓮英的聲音，身體不由一震，抬頭看了看眼前這位小老鄉，毫不猶豫地把他召進了宮。

隨後，在老鄉的幫助下，李蓮英做了慈禧太后梳頭房裡的太監，並深受慈禧的寵愛，最後成了慈禧太后面前的大紅人。

僅僅幾句話就讓李蓮英撿了個如此好的機會，這也恰恰說明了人們對於「自己人」的重視和扶植。了解到這一點，我們在日常生活中，想擁有更多幫襯自己的「老鄉」，這也是個不錯的辦法。

當然，除了親友和因為地域關係而產生的「老鄉」，還有些「自己人」也能在必要時助自己一臂之力，那就是透過某種方式和方法收買來的「人心」。

從總公司調到分公司人力資源部擔任部長的劉易鑫是個「空降兵」，為了盡快熟悉環境，更好地開展下一步工作，他決定從老員工裡為自己培養個「自己人」。

剛到任的他自然對誰都不熟悉，他翻出員工檔案，一邊看上面留下的照片和工作經歷，一邊選擇合適人選，看到劉志宏這個名字他頓時眼前一亮。

為什麼選劉志宏呢？劉易鑫有著自己的「小算盤」：自己有個叫劉志宏的親弟弟，用「重名重姓」來跟他「套近乎」無疑可以拉近關係；這個劉志宏在人力資源部當了三年招聘專員，對所有人的情況自然瞭若指掌；而且從履歷上看，他畢業後就一直在這個公司，從沒換過工作，是個踏實的年輕人。

開完部門見面會之後，劉易鑫把劉志宏單獨叫到了辦公室，跟他「推心置腹」了一番，隨後在工作中也是對他處處照顧，還破格提拔了他。劉志宏自然也不忘投桃報李，不僅工作做得更起勁，對劉易鑫的各項舉措也是處處維護。

久而久之兩人的關係越來越好，處得像「親兄弟」一樣，而劉志宏也順理成章地成了劉易鑫的「自己人」。更讓劉易鑫覺得欣慰的是，劉志宏的人緣很好，不少人看到劉志宏對新主管如此認可，也不由自主地擁護起他來，這讓他的工作得到了更好開展，很快就做出了成績。

毫無疑問劉易鑫是個很具智慧的管理者。

對始終抱著「肥水不流外人田」的中國人來說，無論是在工作中還是在生活中，建立良好的人際關係，善於扶持自己人，都能為自己帶來無盡的好處。也唯有把身邊「各路神仙」都轉化為「自己人」，事業才能順風順水，生活才能錦上添花。

得饒人處且饒人

沒有永遠的敵人，別把事情做絕

話說有個道士十分擅長下棋，但凡跟別人對弈總會讓人家先走一步。後來這個道士在異鄉去世了，臨死前託付村子裡的一位老人一些後事。幾年後，老人遵照囑託為道士改葬，打開墳墓卻發現道士不見了，只有空空的棺木和衣服。

老人突然想到當年道士的一首詩：「爛柯真訣妙通神，一局曾經幾度春。自出洞來無敵手，得饒人處且饒人。」

這首詩告訴了我們一個很淺顯的道理，那就是要寬容、謙讓、體諒別人，學會寬恕，因為這個世界上沒有永遠的敵人，更沒有永遠佔上風的人，千萬別將事情做絕。

凡事都不要做得太絕，給人留餘地，也就是在給自己留後路。

有一個小故事：狼將所有的通道都封死了，以為就可以捕獲更多的獵物。最終，老虎來了，牠也就成了老虎的美食。

對此案例，哲學家說：絕對化意味著謬誤。宗教家說：堵塞別人的生路，意味著斷自己的退路。環境學家說：破壞原生態平衡者必自食其果。經濟學家說：預算和計畫都要留有餘地。軍事學家說：除非你是百獸之王，否則，別想佔有整個森林。法學家說：凡規則皆由例外，惡法非法。政治學家說：絕對的權力導致絕對的腐敗，絕對的腐敗必然導致徹底的失敗。漁民說：一網打盡，下一網打什麼？農民說：不留種子就是絕種絕收。

道理其實就是這樣簡單。

可是在日常生活中，卻經常有這樣一種人，一旦別人惹到他便得理不讓人，非得決一勝負，不鬧個不歡而散、雞飛狗跳絕不善罷甘休。

他們也許認為饒人是窩囊，吃虧的是自己，實際上並非如此，吃虧只要吃到了明處就是有意為之的高尚，因為寬容忍讓是崇高的美德，擁有這種美德的人，展現出的不僅是胸懷，還有博大的魅力。

美國科學家在一項最新研究中發現，寬容不僅是人類美德，還會給健康帶來很大益處，因為喜歡較真、把事做絕的人往往容易焦躁，罹患心臟疾病，而對周圍人寬厚大度者則血壓平穩，體格健康。

有位哲人說：「天空收容每一片雲彩，不論其美醜，故天空廣闊無比；高山收容每一塊岩石，不論其大小，故高山雄偉壯觀；大海收容每一朵浪花，不論其清濁，故大海浩瀚無比。」

寬容就是一面鏡子，得理不饒人、睚眥必報者，照出的只有猥瑣和醜陋，而胸懷寬廣、心地坦蕩者，則會在鏡中看到繁花綻放。

到什麼山上唱什麼歌

「變色龍」不受傷

我們都聽說過變色龍這種動物，但很多人沒見過，這是種十分奇特的動物，牠能根據日光和周圍環境的不同，快速變換自己的膚色，以此來保護自己，不被天敵發現。

可以隨時改變膚色的變色龍不能不讓人驚嘆，然而如同變色龍一樣的人卻並不討人喜歡。在俄國作家契科夫筆下也有個同名形象《變色龍》，他絲毫沒有自己的原則和主見，完全看著權貴的眼色行事，指鹿為馬，顛倒黑白，目的是為了討好權貴。

這種見風使舵、逢迎權勢的人總讓人心生鄙夷並不屑與其為伍，這樣的人儘管常常能佔到些小便宜，可是運氣遠不如以靜制動者，而且還會遭到唾棄，因為他們骨頭軟、格調低，投機太過露骨，馬屁拍得太直接。這種隨機隨時應變的方法太缺乏技巧，所以很難長久有效。

然而如果你換個角度想想，世事多變，人生無常，雖然在原則性問題上說變就變、出爾反爾的人令人反感，不受歡迎，但如果在一些機動事件上，假如還固守陳規、一成不變，也不是件好事。

「變色龍」往往能很好地保全自己，會「變色」也是會交際、會辦事能力的展現，而受傷的往往是那些貌似固執地堅守自己的人，這非但不是什麼「氣節」，反而是不懂變通、刻板的表現。

俗話說「到什麼山上唱什麼歌」，說話辦事要以具體的情況為依據，按照實際情況的變化做出相應變化，要有隨機應變的能力。

很久以前，有一個很奇怪的地方，那裡的人都裸露著自己的身體，因此，世人稱那個地方為裸國。

有一對兄弟是商人，因機緣巧合，來到裸國。在了解了這裡的情況後，弟弟對哥哥說：「行善積德之人衣食就會豐盈充足，而不注重行善積德之人通常會衣食匱乏。這裡的人們都裸露著身體，是道德落後的地方，和他們溝通時，我們一定會遇到困難。因此，我們應該尊重這裡的文化，做到入鄉隨俗，行為舉止都應依這裡的禮法行事。與他們相處時，要本著謙虛隨和的原則。」

哥哥聽了弟弟的話，一副不以為然的樣子，說道：「難道讓我們跟著他們一起光著身子，放棄禮儀教養不成？」

弟弟說：「並不是這樣，只要我們心正無妄念，就不會忘記祖宗教我們的禮儀道德。況且我們是為了親近他們，只有這一個辦法了。」

哥哥說：「那你先去探聽一下實情，回來再稟報於我。」

就這樣，弟弟獨自去了裸國。過了幾天，弟弟回來告知哥哥說：「我們去那裡，必須做到入鄉隨俗，否則別無他法。」

誰知哥哥聽後，勃然大怒：「果真如此做法，真正連畜生不如，我是不會這樣做的！」

無奈，弟弟只好自己回到裸國。

隨機應變的弟弟，真正做到了客隨主便，很快便與那裡的人建立了非常親密友善的關係，那裡的國王也非常尊敬他。見到此種情況的哥哥，駕車也來到這裡。但是和弟弟不同的是，這位哥哥堅持奉行著自己的文化禮儀習慣，不僅如此還處處誹謗詆毀當地文化。哥哥的這種行為，遭到當地人的強烈排斥，惹得國王也非常生氣。很快，哥哥就到了舉步維艱的地步，因為他的商品不僅賣不出去，而且遭到了搶劫。人們把他趕出裸國，再也不允許他踏入半步。

幸虧弟弟及時向國王求情才使哥哥倖免於難。二人離開裸國之時，很多人對弟弟依依不捨，為他舉行歡送儀式；而對於哥哥卻是滿懷憤恨。

當今社會，我們每個人每一天都會面對種種事情，而機會恰恰就隱藏在這些凡俗雜事當中，如何迅速佔領先機，把握時代脈搏，應變能力尤為重要。只有懂得隨機應變，到什麼山頭唱什麼歌，你才能成為最受歡迎的人，你的人生也才會變得更加順暢。

天下本無事，庸人自擾之

看開的智慧

從前有一個人常常覺得很苦惱，就背著行囊找佛祖為他解除苦難。經過萬水千山的跋涉，他終於找到了佛祖。聽完他的訴苦，佛祖微笑著告訴他：「真正能為你解脫苦難的，是你自己。」

那人心生疑竇：「我若是自己能解，何苦跑來請教您呢？我心裡充滿了苦惱和困惑，如何去解？」

「是誰給你的心中放進了苦惱和困惑呢？」佛祖慈悲地解釋道。

那人沉思良久，遲遲沒有開口。

於是佛祖繼續開示他：「是誰放進去的，就讓誰拿出來吧！」看著佛祖慈祥的笑臉，那人的臉上終於露出了久違的微笑。

這則小寓言告訴我們這樣一個道理，心中的苦惱不過是自己的執著，能夠讓你獲得解脫的只有你自己。中國有句古語叫「天下本無事，庸人自擾之」，正是說這個道理。

最早提到這句話的人叫陸象先，當時他正擔任蒲州刺史。在職期間，陸象先為政寬和，從不鋪張浪費，下屬和群眾有什麼不對之處，也只是批評教育，之後仍然以鼓勵為主，從不濫用私刑。

看到陸象先這麼寬厚，他的手下覺得這樣不夠威懾子民，擔心他樹立不起威信。一次陸象先又寬恕了一個做錯事的下屬，這個手下偷偷地提醒他：「大人，對這種人如果不給點顏色看看，讓他吃點皮肉之苦，他會記不住的，還有可能讓你喪失威信，不能不防啊！」

陸象先笑著說：「人跟人都是一樣的，將心比心，人犯了錯誤改正了就好，這你也不懂嗎？如果按照你說的必須用打來顯揚威風，那就從你開始如何？」手下聽完神態消沉地走了。

後來陸象先總結說：「這個世界其實並不複雜，不過是一些昏庸無能的人在瞎折騰，做些莫名其妙的荒唐事，讓自己亂了陣腳，我們只要能正本清源，按規矩辦事，有序前進，又有什麼可擔憂的呢？」

每個人都有七情六慾，自然會擁有喜怒哀樂，人生有幸福快樂，必然會有煩惱憂愁，這是自然規律。

俗話說：「人生不如意事十之八九。」只要活著，煩惱的事情想繞也繞不開，如果總是糾纏在這些煩惱中，人生中快樂的時刻就會變少，甚至慢慢消失，而煩惱一點也沒有少。

總是這樣煩惱下去，自己擾亂了自己的思維，久而久之，似乎活在世上也在沒有幸福可言，什麼事都不感興趣，什麼問題都厭煩，生活也失去意義，這是件多麼可怕的事情啊！

某高僧在旅途中遇到了一個看自己不順眼的人，連續好幾天兩人同行，那人總會用各種方法污蔑高僧，但高僧從來不跟他計較。

後來，走到某處停下來歇腳時，高僧溫和地問那個人：「如果有人送你一份禮物，但你拒絕接受，那麼這份禮物歸誰呢？」

「當然還是原本送禮的人。」那人覺得這問題問的很奇怪，很可笑。

高僧微笑著說：「說得不錯，如果我不接受你的謾罵，那你又是在罵誰呢？」

那人聽後發現自討無趣，便摸摸鼻子走了。

這位高僧說得沒錯，這世上的煩惱是少不了的，但只要你對煩惱採取不理不睬不接受的態度，那無論這煩惱源自何方，何時消解都不再重要。因為它已經影響不了你的快樂，也奪不走你的高興，只要你懂得看開的智慧，不接受「煩惱」這件禮物，什麼也都破壞不了你的好心情。

水至清則無魚

不要過於精明

東方朔說：「水至清則無魚，人至察則無徒。」意思是說水太清澈了，魚就很難生存，人太精明了，就沒有夥伴也沒有朋友。原因何在？

我們都知道「小魚吃蝦米，蝦米吃淤泥。」一般清澈的水是沒有雜質更沒有淤泥的，自然也就沒有蝦米，也就是說沒有魚生存的必備條件；而人過於精明，就沒有人敢與他為伍，因為精明者往往吃不得虧，容不下別人的過失，這樣一來，不僅沒有朋友，事業、生活也不會好，因此人又說「聰明反被聰明誤」。

心理學研究證實，每個人內心深處都有一種自我優越感，而且一個人的行為、情緒往往會跟這種優越感有極大關聯：一旦他意識到自己是可笑或愚蠢的，優越感就會給自己一個爽快的獎賞；反之，如果優越感發現了自己的失敗，而這種失敗是對方造成的，就會產生近乎專橫的粗暴，同時透過情緒和行為將這種粗暴施加給對方，甚至會不達目的不甘休。

了解到這一點，我們便不難理解，為什麼有些時候我們似乎「無意」的行為舉止會惹怒對方，得罪別人。當我們在無意中自作聰明地抓住了對方的缺點或錯誤並不加遮攔的指出，或在某件事上佔了對方小便宜並被發現時，對方的優越感就會跳出來反擊；而當我們稀裡糊塗似乎吃了虧的時候，對方的優越感反而會變本加厲地跑來彌補，讓我們吃的「虧」變成收穫。

世界著名汽車製造商杜蘭特手下有個得力總裁叫卡洛．道尼斯。在人才濟濟的集團公司，卡洛．道尼斯其實並沒有太多出色的地方，甚至學識、資歷遠不如別人，那究竟是什麼讓他飛上枝頭變鳳凰的呢？

在卡洛．道尼斯談到自己是如何被升任為總裁時，他謙遜地說：「其實原因很簡單，因為杜蘭特先生習慣了我做助手的日子。」

原來，最初卡洛．道尼斯是杜蘭特手下的小職員，剛得到這個工作不久，他就注意到每天下班，當公司所有人都回家之後，杜蘭特先生總會在公司待到很晚，獨自忙一些未處理好的瑣事。

看到這一情形，卡洛．道尼斯覺得自己應該留下來給杜蘭特先生提供一些工作上必要的協助，於是他主動開始了加班的漫長之旅。久而久之，杜蘭特先生養成了隨時召喚他的習慣，這也讓他漸漸地成了最得力的助手，並因此獲得了總裁的位置。

其實卡洛．道尼斯所得到的報酬和他付出的時間、精力是不成正比的，因為他從不要求加薪，但這種吃虧最後換來的卻是所有人想得而沒得到的總裁寶座。

跟卡洛．道尼斯有類似經歷的還有美國船王羅伯特．達拉的得力助手，最早那名助手只是一名速記員，之所以將這個公司上下都眼紅的職位給了她，羅伯特．達拉說：

「剛開始雇傭她的時候，她的薪水和公司其他普通職員並無差別，因為她的工作同樣簡單，只是聽我口述，記錄內容，替我拆閱、分類和回覆私人信件。但一段時間後我發現她是特別的，因為晚飯後她常常回到辦公室積極地做那些本來不是她份內的且沒有報酬的工作，這讓她的能力增長很快，有時候替我回的信跟我寫的一樣。所以當我的秘書因故辭職時，我第一時間想到了她。如今她的薪水是普通職員的四倍，因為她對我既有價值，也是我離不開的左膀右臂。」

仔細觀察我們會發現，現實生活中那些看起來精明的人常常不如看起來「糊塗」的人贏得的機會多，自以為聰明的人往往沒什麼好下場，反而往往遭遇失敗抑或麻煩纏身，而真正大智慧的人看起來往往在做「吃虧」的事，到頭來卻什麼都有了。

退一步海闊天空

以退為進的智慧

在下跳棋的時候必須藉助「橋樑」才能走步，而且前方還不能有阻礙。如果眼睛一味看著前面的路，有時候只能走一兩步，但如果能眼觀六路，耳聽八方，透過後退和左右迂迴之術，就能走更多步，甚至直擊對方的「老巢」。

仔細觀察不難發現，跳棋下的好的人，往往在為人處世上也遊刃有餘，是他們更加聰明嗎？非也，主要是因為他們懂得以退為進的智慧。

細細想來，人生何嘗不像下跳棋，不知道要經歷多少進退抉擇，才能達到成功的彼岸，進需要足夠的勇氣，退則需要更多的智慧；進一步佔領先機步步領先，退一步則海闊天空豁然開朗。

進並不難，因為只需要看前面的一兩步就好，而退則需要魄力，勇氣和智慧必須兼而有之，甚至有時看似山窮水盡，轉彎來看卻會發現柳暗花明。

美國軍隊有個規定，部隊領導一旦認為勝利無望，可以選擇投降，以保護生命為首要。美國是以自由而後人權為基礎建立起來的國家，他們認為，只要有了生命一切皆有可能，所以每當處於弱勢，必須先行撤退，保全自己，再謀求下次進攻的機會。

我們常說「大丈夫能屈能伸」、「君子報仇十年不晚」，這些都告訴我們一味的強硬進取，有時往往會適得其反，只有在生活中懂得取捨，以退為進才是真正的智者。

老子在老年時曾張開嘴巴讓弟子觀察，弟子不解，他微笑著說：「看看，我堅硬的牙齒已經不見了，可是柔軟的舌頭還存在。」

世事艱險，很多事往往不是個人能力所能左右的，但凡一味向前不懂退讓者往往不得善終，而懂得急流勇退的人則能保全自我，悠然自在。

范蠡和文種兩個人都是輔佐越王勾踐的謀士，在兩人的共同協力下，越王勾踐成就了千秋大業。功成名就之後，頭腦清醒的范蠡知道自己功高震主，早晚不為勾踐所容，於是為此隱退，隱姓埋名到齊國過「採菊東籬下，悠然見南山」的日子。

臨行前，范蠡給文種寫了封信，裡面只有這樣幾句：「飛鳥盡，良弓藏；狡兔死，走狗烹。」告誡文種勾踐這人只能同患難，不能共享福，勸他趕緊離開以免惹來殺身之禍，可是文種並不相信，只是處處陪著小心，享受榮華富貴。

一段時間後，勾踐果然對文種下了手，他擺了酒席叫來文種，酒足飯飽後對他說：「當年你教我討吳時說了七條計策，可惜我只用了三條吳國就給滅了，現在還有四條在你腦子裡，賜給你一把劍，到地下說給先王聽吧！」這時文種才後悔莫及，給後人留下了一句無奈之言：「敵國滅，謀臣亡。」

也許有人會心生疑竇，如果總是退縮，豈能前進？其實所謂「退一步海闊天空」並非不前進，而是讓你在關鍵時刻恰當運用以退為進的智慧，保存實力，畢竟人生不像百米賽跑，勇往直前地猛衝就能勝利，有時往往會有反覆曲折的過程，時機不到，條件不成熟，或能力、資金有限，處於弱勢地位時，與其盲目衝動不如退而思策。

生活就是一門學問，最難掌握的莫過於進退之間的尺度，人生中最難抉擇的也正在於此。但再艱難的事，只要轉換一下思維的角度，不盲目、不衝動，暫後退、適當的避讓和迂迴，倒可以愉快地達到目的。

沒有金剛鑽，不攬瓷器活

提升自己的綜合能力

一天，某人向朋友抱怨，說自己在公司待得很不如意，朋友問他為什麼不如意，他狠狠地說：「哼，老闆也不重視我，同事對我也不好，我恨死這個公司了，我得報復！」

朋友連忙說：「這些人太過分了，我舉雙手贊成你報復！這樣的破公司，一定得給它點顏色瞧瞧！」

這人一看朋友支持，就提議說：「要不我現在就扔了手裡的工作辭職吧！」

朋友連連搖頭：「那可不行，你現在離開並不是最好的時機，你想啊，現在你走了公司的損失並不大，最好的辦法是趁著在公司的機會，拼命為自己爭取一些客戶，成為獨當一面的人物。到時候你帶著客戶突然離開，他們不傻眼才怪呢！」

這人覺得朋友說得很有道理，回到公司踏踏實實地努力工作，拼命為自己爭取客戶，能力也不斷提升。半年後，他擁有了很多忠實客戶，職位也從默默無聞的業務員成為了業務經理。

再次和朋友相遇，朋友看他西裝革履意氣風發，問了問近況後笑著說：「現在是你報復公司的時候了，要趕緊行動哦！」

這人不好意思地笑笑：「我已經沒有報復公司的想法了，老總對我越來越重視了，前幾天還剛跟我談心，說要升我做副總，這一切都應該謝謝你！」

聽了他的話，朋友拍拍他的肩膀說：「這就對了，光抱怨是沒用的，只有自己的綜合能力提升了，本領學到手，別人才會對你另眼相看，機會才會向你招手！」

一個人綜合素質的高低決定了人與人之間的差別，正如故事中的那個人，只從別人身上找原因，無論如何也得不到個人的提升，沒有「金剛鑽」，老闆怎麼會給你「瓷器活」，同事們又如何對你另眼相看呢？

人生在世，任何時候都是如此，只有真正有能力有魄力的人，才能獲得最後的成功。也許你會說，我也知道綜合能力很重要，也想讓自己有能力，這似乎是天生的吧？其實不然，沒有誰一生下來就什麼都會，也沒有人一生下來就身懷絕技，所有的技能都是後天學習得來的，那麼如何才能提升自己的綜合能力呢？

能力有一般和特殊之分，一般能力通常是指觀察、記憶、思維、想像等，也被稱之為智力，這是人們做任何事都不可或缺的重要內容，特殊能力則指人們從事特殊職業或專業所需要的智慧，比如音樂、繪畫、寫作等能力。

不管是一般能力還是特殊能力儘管都跟大腦智慧有關，但更多還是來源於知識的累積和實踐的訓練，因此想要獲得提升必須做到以下幾個方面：

首先是各方面知識的累積，同時透過認真思考，學習分析，大量涉獵文、史、哲等書籍，培養了解社會、觀察社會的能力，博覽群書、博採眾長，勤於思考、厚積薄發。

其次在掌握大量知識的基礎上反覆實踐運用，將知識轉化為本領，培養動手能力和創造思維的能力，以及開拓進取精神。

需要注意的是，各項能力的提升都需要一定時間，必須從平時工作和日常生活中一點一滴地累積，但只要能做到以上兩點，你的綜合能力一定會有所提升，在社會交往中會變得如魚得水，在職場也能遊刃有餘。

餓死事小，失節事大

有些事比吃飯更重要

俗話說：「人是鐵，飯是鋼，一頓不吃餓得慌。」古語道：「民以食為天。」但在這個世界上，還有比吃更重要的，那就是氣節。

儒家認為，天地萬物都是由「氣」產生並組成的，比如說人體由血氣組成，世界由空氣組成；而「節」則是邊界和限制，用來約束「氣」，也就是說世間萬物都是有邊界和約束的。道德規範也有約束，雖然這個不在法律的範疇之內，但每個人都要自我約束，不能越界，這就是「氣節」。

「餓死事小，失節事大」在中國是很有名的一句話，並且這一理學信條，不知釀成了多少婦女絕粒、吞金、上吊、跳井等悲劇結局。其實，程頤的「餓死事小，失節事大」，是針對現實有感而發，就對待女性的態度而言，他一直是寬容的。後世理解多有斷章取義的意思。

就像孔子說過的「以德報怨」，其實孔子後面還有「何以報德」四個字，單說前四個字意思很明確，若是這八個字聯繫在一起就變了意思了。

斷章取義也是古代的一種管理、壓迫人民的一種方法，究竟是對是錯現在已經很難說得明白。如果我們翻翻宋朝之前的古書，就會發現，「失節」，一般而言，指的是投降敵人，背棄舊主投靠新主，並不是女子失去貞節。再者說，宋朝是娼妓空前活躍的時代，賣東西還有請妓女騎著高頭大馬做「公關」的，只要有幾個錢，誰不養三五個歌女？就算男女關係是主奴關係，也大可不必說得如此嚴重，「失節」的女子，還不滿街都是？可見這句話應該指是一個人的氣節與骨氣。「失節」重於「餓死」，「氣節」重於「生命」，這涉及到一個人的人生關、生死關的問題，這是對人的更高層次的精神要求。

人生在世，不能沒有「氣節」，為人處世不能失去原則和界限，一旦沒有了這個範圍和限制，人也就一無是處了，甚至會被認為是罪人，這就是所謂的「餓死事小，失節事大」。

南宋時期，文天祥因為兵敗而被迫做了俘虜，坐了三年土牢，多次嚴詞拒絕敵人的勸降。元世祖忽必烈親自到牢裡看他，並許諾讓他當丞相，文天祥毫不動搖。忽必烈很敬重他，問他想要什麼，文天祥斬釘截鐵地說：「唯有以死報國，我一無所求。」

無奈的元世祖只得賜死他，臨行前，監斬官偷偷地對他說：「你現在改變主意還來得及，只要你肯投降，不但能免去一死，還可以繼續當丞相！」

文天祥大聲怒喝：「死便死，還說什麼廢話！」說完向著南方慷慨就義，並且留下了這樣的詩句：「人生自古誰無死，留取丹心照汗青。」

其實跟文天祥一樣寧死也不肯失節的不乏其人，為了不做周的臣民甘願餓死的伯夷、叔齊；為了不臣服清朝而頭頂斗笠、腳踏木屐的王船山；不願被康熙皇帝接見而寧願去死的李中孚……這足以說明名節重於泰山，不僅比吃飯重要，甚至比生命還重要。

也許有人會覺得，氣節真的就這麼重要嗎？為了所謂的名節餓死，值得嗎？這些人真迂腐，白白犧牲了性命。這當然是種謬誤，如果每天只盯著吃，什麼都不想，甚至因此不惜犧牲人格，丟掉自尊，那和動物又有什麼區別呢？

柳暗花明又一村

轉機無處不在

美國有位名叫威克的教授做過一個有趣的實驗：

他將一群蜜蜂和一群蒼蠅同時放到一個平放著的玻璃瓶中，用瓶底對著光亮處，瓶口並不封閉而是對著暗處。一段時間後，他驚奇地發現，蜜蜂們紛紛拼命朝著光亮處掙扎，最終氣絕身亡，而四處亂竄的蒼蠅卻全都從瓶子中逃脫，無一喪命。

威克教授由此得出這樣的結論：在不確定的環境中，我們並不需要朝著既定方向一路前行，而是應該保持良好的心態，隨機應變尋找生路，因為在多變的世界裡，靈活機動的行動要比有序的衰亡好得多。

曾在網路上看過這樣一句話：「驚喜就在前方轉彎的地方。」消極的人往往會堅守自我，固執到在一棵樹上吊死，而懂得變通的人發現一條道走不通，馬上就會轉彎，從轉角處看到驚喜。

這也正應了那句詩詞：「山重水複疑無路，柳暗花明又一村。」這句話是出自陸游的《遊山西村》，當年被貶謫歸田的陸游在故鄉閒居，春光明媚的四月，他獨自一人到西山遊覽，經過一山又一山，正在疲憊不堪之時發現前面花明柳暗，幾間農家茅舍隱現於花木扶疏之間，視野頓時豁然開朗，於是有了上面的詩句。

很多時候，當你身處逆境，發現前面的路走不通了，自己徹徹底底失敗了，你是垂頭喪氣就此放手，還是停滯不前期望上天垂憐你降下神蹟，或者堅持不懈地繼續往前走，期待新的轉機？行為不同，命運截然相反。

有位馬夫趕著裝滿貨物的馬車，在泥濘的鄉間小路上艱難前行，忽然馬車的輪子陷入了爛泥中，無論如何用力鞭打馬，馬車依然紋絲不動。

垂頭喪氣的車夫就這麼呆呆地望著四周，心想：「真希望能有個人來幫我一把。」想著想著，他突然想到神話傳說中的大力士阿喀琉斯，就大聲喊道：「阿喀琉斯，求求你幫幫忙吧！」

看到天空上毫無反應，車夫呆坐在地上，什麼也不顧，只是不斷地喊著阿喀琉斯的名字。

過了很久很久，天色快要暗下來，一陣狂風吹來，阿喀琉斯居然真的出現了，但他並沒有把馬車從淤泥中拉出來，而是訓斥起了車夫：

「你這個懶惰的傢伙，快站起來自己把車輪頂到肩膀上吧！然後努力往前走，這樣我才願意幫助你！如果你連一根手指頭都不肯動一下，只坐在地上亂叫，別奢望我還會出現，給予你任何幫助！」

古人云：「自助者天助」，人生的轉機無處不在，但如果陷入困境後只會呼天搶地而不是自己試著憑藉努力走出泥沼，那麼即便有人願意伸出援手，救得了一時，也幫不了一世。即便是貴人也不會一而再再而三地牽著你往前走，轉機是要靠自己來爭取的。

每個人都是自己命運的設計師和建造師，我們每天都會處在生命的交叉口，都需要決定自己應該朝向哪個方向走，都會遇到可能改變我們一生的新機遇，在此期間無論是出於磨練還是出於考驗，上天都會給我們一些「禮物」。在面對這些或好或壞的禮物時，我們一定要堅信途中所遇到的一切，所付出的一切都不會白費，因為希望就在前方。

求人不如求己

最靠得住的永遠是自己

大雨瓢潑而下，某人在屋簷下躲雨，發現觀世音菩薩撐著傘路過，便喊道：「觀音菩薩，請普渡一下眾生，帶我走一段吧！」

觀音回頭問他：「我在雨中，你在簷下，簷下並無雨，你不需要我渡。」

此人立刻跳出簷下站在了雨中：「祢看我現在在雨裡了，祢是不是該渡我了？」

觀音笑了：「你在雨中，我也在雨中，你被雨淋是因為沒有傘，而我不被淋是因為有傘，所以不是我渡自己，而是傘渡我，你要想被渡不要來找我，去找傘吧！」說完揚長而去。

第二天，這人遇到難事到廟裡求觀音，剛走進廟門就發現一個熟悉的身影，原來觀音正在自己的神像前叩拜。他很奇怪地問道：「祢不就是觀音嗎？怎麼在拜自己呢？」觀音說：「是啊，我也遇到了難事，但我知道求人不如求己。」

在現實生活中，每個人都難免會遇到各式各樣的困難，在遇到困難的時候，很多人第一時間想到的往往是求助於別人，而唯獨忘了自己，他們總覺得別人比自己有能力，比自己有辦法，只要一出手就能幫自己解決問題，克服困難。

實際上，這種不求諸己但求諸人，只希望得到別人的提攜和關愛的人是很難獲得成功的。很多時候，有求於別人的人，一旦求不到就會灰心失望，以為是上天不給自己機會，於是自暴自棄，錯過原本屬於自己的大好時機。

事實上這不過是個謬誤，人生在世，最靠得住的其實是自己，我們往往不知道自己有多優秀，不知道原來自己也是潛力無限的，從自身多找出路、多想辦法，比苦苦向別人討主意、求幫助好過萬倍，既然如此，為什麼不自己主宰命運呢？

王蓉慧和劉心元是好朋友，兩人一起長大，一同上學，又考入了同一城市的大學，王蓉慧學中文，劉心元學法律。大學畢業後，所有人都忙著找工作，她們也不例外。

因為當年畢業生太多，競爭很激烈，兩人忙了兩三個月四處投履歷卻都音訊全無。終於接受不了找不到工作這一打擊的王蓉慧決定回縣城老家找找關係，看能不能到學校教書，而不服輸的劉心元非要在城市靠自己的能力找工作，兩人就此分別了。

五年後，不服輸的劉心元跟別人合開了一家小小的小律師事務所，每月都有不菲的收入，不但在城市安了家買了房，還開了車；而當初想找關係進學校的王蓉慧卻因為沒有過硬的關係，一直在學校代課，每個月拿著微薄的薪水做最累的工作。

看到劉心元的風光，她在自己的微博上寫道：「終於明白了那句話，靠人不如靠己，可惜知道的太晚了。」

我們每個人的一生總會遇到些挫折，遭遇到坎坷，品嚐到苦澀和無奈，經歷過挫折與失意，在人生低谷的時候，與其總想著靠別人的施捨和幫助度過困境，不如自己發憤圖強，因為只有自己才是真正靠得住。

當你海上揚帆時，風會從四面八方吹來，強烈的暴風雨無端來襲，此時誰也幫不了你。如果你在驚濤駭浪中勇往直前總會到達成功的彼岸，而假如你不去努力一味等待救援則很有可能就此沉船。

命運永遠只掌握在自己手中，只要你願意，奇蹟無處不在。梭羅曾說：「要想有一面牢不可破的盾牌，就要站立在自我之中。」

第肆章

有關金錢的二十個觀念

對「錢」的態度

窮家富路

不在旅途中虧待自己

熱愛武俠的人很多都看過石玉昆的《三俠五義》這本書，書中第23回，曾提到過這樣一句話：「銀子雖多，賢弟只管拿去，俗語說得好：『窮家富路』。」

這是「窮家富路」這個詞第一次出現在文學作品中，其實在此之前，它早已成了中國人傳統理念中根深蒂固的觀念了。

顧名思義，窮家富路就是指無論家境再窘迫，在家手頭有多拮据，出門在外，也要多備盤纏，出手大方，該花的錢就得花，不能虧待了自己。

當然，這句話同時也包含了這樣一個潛臺詞，那就是有備無患。因為在中國人眼中，只有家才是最安穩的地方，這也是所謂的：「在家千日好，出門一時難。」只要出門，就很有可能會遭遇這樣那樣的特殊情況，多備銀子，多帶些錢，就是為了以防萬一。

千萬別小看「窮家富路」這四個字，不能不承認，這確實是種經驗之談，或古人「吃一塹，長一智」之後的總結。無論古人還是今人，身在旅途，有備無患都是上上策。畢竟在外面人生地不熟，如果有災有難，只有多帶些錢才能應付過去，在家的時候可以節省的錢，到了外面旅行的時候就沒有那麼多時間來思考了。

如今很多的現代人，都幻想著自己可以用很少的錢遊歷各個地方。當然，這種人也不是沒有，但卻鳳毛麟角，畢竟社會險惡，防不勝防，實施起來確實很難，即使真的可以如願，代價也往往是放棄很多欣賞沿途風光的樂趣，多受幾倍別人感受不到的為難。

無論你身在何方，也不管你要前往哪裡，當你背上行囊，準備出門遠遊時，心疼你的父母，會「臨行密密縫，意恐遲遲歸」，然後給你塞上充足的錢，以備不時之需；當你和友人告別，準備獨自闖江湖時，情同手足的兄弟總會「勸君更盡一杯酒，西出陽關無故人」，再給你備好盤纏，生怕你在外受到難為；當你告別戀人，出差時，依依不捨的戀人總會千叮萬囑，無論平時生活再節儉，都會大方地掏出私房錢，讓你在旅途中舒舒服服，輕鬆愉快。

這份濃濃的真情，就這樣隨著歲月的延續，在每一代人身上慢慢流傳。而這個充滿智慧和深厚情意的「窮家富路」也將一代代的傳遞下去，溫暖每個中國人的內心。

人無遠慮必有近憂

月光族的「悲劇」

三國時期，擁兵自重的曹操打算起兵四十萬攻打東吳。當時東吳的實力並不算強，吳主孫權忙召集文武百官商討對策，大將呂蒙建議在濡須口修築船塢，也就是說在江中依傍江岸建立環築的城牆，讓所有船隻停泊在裡面，然後派重兵防守。他認為這樣進攻退守，水陸兩軍的配合能夠更為便捷。

不少大將對此提出反對意見，認為沒有築城的必要：「上岸擊賊，跣足下船，何用築城？」呂蒙解釋道：「打起仗來有時順利，有時不順利。突然發生激戰，步兵騎兵白刃相接，人都來不及奔近水邊，又怎麼來得及上船列隊對敵呢？有了船塢就可以從容佈置隊伍了。」孫權認為：「人無遠慮，必有近憂。」覺得呂蒙的主意很有遠見，於是馬上派人連夜開工，在很短的時間內築成了濡須塢。

幾天後，曹操率領大兵殺到，一看這陣勢頓時傻了眼，只見濡須塢內戰艦各分隊伍，旗分五色，兵器鮮明，孫權坐在其中一艘大船上的青羅傘下，左右站著文武官員，儼然無懈可擊。既然來了不打是不可能的，曹操只得硬著頭皮往前衝，可是幾個月下來沒有絲毫進展。

第二年開春，雨延綿不絕，水港被江水淹了，軍士大多都被淹沒在泥水之中，處境悽慘。正當曹操猶豫不定時，東吳使者送來講和文書，曹操趕緊找了個臺階，命廬江太守朱光鎮守皖城，自己則帶領大軍返回許昌，孫權也順勢收軍回了秣陵。

東吳這次之所以能全身而退，正是因為呂蒙的深謀遠慮。

「人無遠慮，必有近憂」最早出自於《論語‧衛靈公》，指的是一個人如果沒有長遠的謀劃和考慮，等出現危難的時候再想，「臨時抱佛腳」將很難找到合適的辦法應付，它告誡我們要未雨綢繆，不能只看眼前，而不做長遠打算。

這句充滿了先人智慧的話無疑應該奉為真理，古往今來，無論任何人做任何事，都必須要提前考慮，早做打算，否則等事情來臨再感到憂愁，可是連後悔藥也買不到了。然而並不是每個人都擁有遠見卓識，也不是所有人都能做到思慮周全，儘管大多數人在做事情之前都會在腦中有個計畫，但有的人考慮得遠，而有的人則只看眼前。

當OL的蔻蔻這陣子很發愁，問她為什麼愁眉不展，一個字「錢」。照理說，在外資企業工作的蔻蔻，其實薪水並不低，但工作三年多的她一分錢也沒存下，尤其一遇到用錢的時候，她簡直窮得叮噹響。

其實蔻蔻並非一點計畫也沒有，每次發薪水她都會把錢分成三部分，一部分用來犒勞辛苦工作一個月的自己，瘋狂購物一番；一部分留作生活費，還有一部分則存在帳戶裡以備不時之需。可是每個月不到中旬，她的生活費就會不知不覺地花光了，無奈之下她只得一次又一次從帳戶裡取錢，直到一個月的薪水如流水般散盡，成了名副其實的「月光族」。

當今社會，越來越多的年輕人抱著「今朝有酒今朝醉」、「人生得意須盡歡」的念頭，只考慮眼前而不去想將來，得過且過，開心一天算一天，最終只能感嘆自己思慮不周，後悔不迭。

會下象棋的人都知道，下棋時只有那些看得遠、想得多的人才能贏得最後的勝利，人生也如同棋局，唯有那些懂得為將來打算，習慣於未雨綢繆的人財富才能越來越多。

君子愛財，取之有道

小富靠智，大富靠德

魯國時，有個名叫公儀休的宰相非常喜歡吃魚。一天，他跟自己的學生正在聊天，有人送來兩條活蹦亂跳的鯉魚，公儀休看到送魚的不是自己的親朋好友而是要託自己辦事的人時，當即婉言謝絕了。

學生很不理解，問他：「老師，您不是很喜歡吃魚嗎？如今有人送魚給您，您為什麼不接受呢？」

公儀休說：「吃人家嘴短，拿人家手軟，正是因為喜歡吃所以更不能收人家的魚，否則因為替別人辦事而違背自己的意願，做出貪污枉法之事成了罪人，還有魚可吃嗎？現在我想吃魚立刻就能去買，豈不是可以一直有魚吃？」

公儀休的所作所為和孔子的理論有著異曲同工之妙，孔子曰：「富與貴，是人之所欲也，不以其道得之，不處也；貧與賤，是人之所惡也，不以其道得之，不去也。」意思是說錢和地位是人人都想得到的，但如果不是用仁道的方式獲得，君子是不能接受的；貧窮和低賤是所有人都厭惡的，但如果不是用仁道的方式擺脫，君子是不肯的。

如今流行一句話：「錢不是萬能的，但沒錢卻是萬萬不能的。」人生在世，要生存就不能不食人間煙火，不能沒有錢花，所以絕大多數人都會將累積財富做為自己畢生非常重要的事業來經營。但是你無論採取什麼樣的手段謀取財富，都必須記得一句：「君子愛財，取之有道」。

沒有人不希望自己賺大錢，更不會有人嫌自己賺的錢多，但是想得到更多財富，成就更大事業，單單依靠小聰明是不行的，必須要有良好的德行，這也是我們常說的「小富靠智，大富靠德。」仔細觀察不難發現，某些在創業時飢不擇食、什麼缺德事都幹的人，往往在賺了幾個小錢之後就銷聲匿跡了；而另一些自始至終抱著誠信的招牌、實實在在、童叟無欺者，最後都做成了大事。

在美國費城西區有兩家靠得很近的廉價品商店，兩家店的老闆是死對頭，一直進行著無休無止的價格戰。

「出售愛爾蘭亞麻床單，甚至連有鷹一樣眼睛的瑞伯女士都不能找出任何缺點，不信請問她。而價格卻低得可笑，只需6美元50美分。」當一個櫥窗出現了這樣的手寫告示時，兩小時後，另一家櫥窗就會出現這樣的告示——「瑞伯女士該配一副近視眼鏡了，我的床單品質一流，只需5美元95美分。」而且，兩店的老闆常站在店外，尖聲對罵，幾乎每次都發展到拳腳相加。最後，總有一方的老闆敗下陣來，咒罵另一個是瘋子，買他東西的顧客也是瘋子。

這時附近的每一個人都會擁入獲勝的廉價品商店，將床單和枕套搶購一空。直到後來，兩家廉價品商店各換了一位新老闆，他們各自對兩店前任老闆的財產進行了詳細的檢查。有一天，他們發現兩店之間有條秘密通道。並且在兩店的樓上兩個老闆住過的套房中發現了一扇連接兩間房子的門。後來才知道：這兩個死對頭原來是兄弟倆。所有的詛咒、謾罵、威脅以及一切相互間的人身攻擊全是在演戲。一個微妙的鄰里關係製造了所有的騙局，他們所賣的商品全是二流貨。

從古至今，總有那麼一些自以為比消費者精明的商人，用各種方法蒙蔽消費者，事實上消費者心中自有一桿秤。經濟學家告訴我們：「其實每個人都是理性的，千萬別以為自己比別人精明。把別人當成傻子的人自己才真傻。」試想那些賣摻假麻油、斤兩不足麵粉的人哪一個成就了大事？還不是最後都被實實在在做人、踏踏實實做事的人給PK下去了？

不少年輕人都很關心如何創業，怎樣致富，事實上，只要你始終牢記「小富靠智，大富靠德」這八字真言，不盯眼前的蠅頭小利，不耍一戳便穿的小聰明，腳踏實地，一步一腳印的向前邁，就能順利踏上致富的道路。

倉廩實而知禮節

先吃飽肚子再說

兩千六百多年前，齊國的政治家管仲曾說過這樣一段話：「王者以民為天，民以食為天，能知天之天者，斯可矣。」他認為對帝王來說人民是最重要的，對人民來說食物是最重要的，了解這一點江山就可以穩固了。

齊桓公對管仲的理論相當信服，讓他放手去做。管仲運用這一理念將齊國治理得井井有條，並使齊國經濟達到了足以傲視其他各路諸侯的程度，齊桓公也最終成了春秋第一霸主。此後，「民以食為天」成為流傳千古的名言，尤其是在饑荒年代，更是被所有人推崇。

漢朝司馬遷在寫《史記——貨殖列傳》時，又一次提到了管仲的這一理念，還引用了管仲的另一句話：「倉廩實則知禮節，衣食足則知榮辱。」只是將其中的「則」改成了「而」。儘管只是一字之差，這句話的意思卻有了天壤之別。

在管仲看來，只要吃飽了肚子，其他的事情就能順利達成，這種理論在當年的時代環境下十分適用，因此他的治國之道獲得了成功；但是到了司馬遷所處的西漢武帝時期，經濟發展水準已然達到了空前的高度，但整個社會看起來很不和諧，甚至「禮崩樂壞」。

雄才大略的漢武帝劉徹深知「倉廩實、衣食足」與「知禮節、知榮辱」之間並無必然聯繫，所謂「倉廩實、衣食足」不過是「知禮節、知榮辱」的某個前提條件，而非充分條件，這也是司馬遷為何要將管仲原話中的「則」替換成「而」的真實原因。正因為此，最高統治者和史官在正確的理念下共同打造出了一個至今仍令人稱道的輝煌時代。

時光流轉，歲月如梭，轉眼間到了現代，雖然如今先吃飽穿暖再講求禮儀的說法仍有市場，但越來越多的人早已意識到，生活富裕程度和社會道德水準變化並無正向關係。如今人們的生活水準日益提高，豐衣足食早已不再是夢想，富人們和中產階級隊伍越來越龐大，有錢人隨處可見，道德禮節、禮義廉恥卻成了問題。

某報紙曾刊登過這樣一則消息：中國的富豪去巴黎、新加坡等地遊玩，當地人對他們的評價只有兩個：一擲千金和不講禮節。身處孔孟之鄉，卻讓外國人有了這樣的看法，這讓我們頗為尷尬。

無獨有偶，前段時間的一則報導，更是讓人心寒不已：某寶馬（BMW）車主在路上飆車，撞上了一個兒童，發現後非但沒有下車救人，反而用車來回輾壓了四次，致使兒童慘死車下。

他是真的不知道車下有人嗎？既然不知，何苦來回輾壓，直到孩子再無生還可能？很顯然他並不糊塗，想到將來可能會因此麻煩無數，因此明知自己會犯下大錯，依然不惜對孩子痛下殺手，其險惡用心昭然若揭。

細心人不難發現，如今有越來越多的寶馬男、寶馬女常常會在光鮮的外表下隱藏一顆齷齪的心，做出一些禽獸不如的事情來。這些早已吃穿不愁、動輒散盡千金的富裕者，為了身分地位，為了謀權謀錢，不惜利慾薰心，拋棄道德廉恥，甚至連良心和靈魂都可以不要，對他們來說，「倉廩實而知禮節」無疑是莫大的諷刺。

而與此相反，一些物質並不富裕的人卻擁有一顆金子般的心，有個拾荒的孤寡老人，用自己撿破爛換來的錢收養了十幾個被人遺棄的孤兒，給他們提供吃穿用度，還省吃儉用供他們上學。

由此可見，雖然在某些特定年代和時期，「倉廩實而知禮節」這一論斷是正確的，但如今顯然已經落伍，不能「與時俱進」。真正的仁者無論貧窮富裕，不管身分地位，都會牢牢把握住道德底線，而真正和諧的社會則應讓所有人既「倉廩實」又「知禮節」。唯有如此，社會才能井然有序地迅速發展，才能國富民強，人心所向。

老婆孩子熱炕頭

對溫飽的渴望

什麼是幸福的生活？相信每個人都會有自己的詮釋，而在中國古人的眼中，「老婆孩子熱炕頭」就是對幸福生活的最高期望。

在中國古代，由於人口眾多，社會發展水準普遍不高，人們對於生活的要求遠沒有如今這般苛刻，衣食無憂、家庭和睦就是最大願望。只要這一願望能得到滿足，就別無他求了，一心想著踏踏實實過日子。

當時每個為了生存而四處奔波的男人，最大的渴望就是一個完整溫暖的家，可以踏實地休息，為所愛的人忙碌。而這種只求溫飽、不求顯達的生活崇尚，也使得古人們的心境更為平和，對幸福的感知力更加深厚。

此後，社會不斷向前進步，經濟不斷發展，而人們內心深處那份溫馨和諧的永恆嚮往卻始終沒變，只是這種對於溫飽的渴望逐漸演變成了一種滿足現狀、不思進取的生活狀態，這句原本應該是所有中國老百姓美好生活寫照的「老婆孩子熱炕頭」，也成了貪戀安逸、沒出息的代名詞。

隨著社會的日益發展，溫飽早已不再是普通老百姓們所擔憂的問題，而「老婆孩子熱炕頭」也早已不再是人們內心渴望的生活，很多人在溫飽之餘，對物質的需要開始變得更多，娶了老婆，還想要更年輕貌美的情人；有一個孩子，還想要子女雙全；有了房子和溫暖的家，還想要更大的房子，更舒適的環境……

殊不知，這種對於生活永無止境的苛求，非但不能讓日子變得更加幸福，反而容易迷失在這種慾壑難填的痛苦中難以自拔，甚至因此毀掉原本美滿的生活。

一直有傳統思想的蘇士剛畢業後在公司工作，儘管薪水不高卻很穩定，他對自己的未來的規劃很簡單，有個溫馨的家、一位善解人意的妻子、一個聰明可愛的孩子。剛開始跟小美相處時，他曾對小美說出了自己對未來的設想，小美也被他所描繪的幸福生活所打動，告訴他：「只要你真心愛我，就是最幸福的，別的我什麼都不求。」

這句話讓蘇士剛深信小美就是自己要找的人，於是兩人最後在一起了。可是結婚才半年，小美就開始旁敲側擊，說這個女友的老公是有錢人，整日揮金如土；那個女友的老公是商人，富得流油……言下之意是讓蘇士剛好好「爭氣」，也做出點「成績」來。

當然小美的抱怨是有原因的，因為結婚、買房，小倆口花光了所有積蓄，還貸了幾十萬元的款，如今小美懷孕了，生孩子又是個花錢的大事。不過實際上他們倆的生活並不拮据，雖然每個月都要還貸款，但剩下的錢過日子還是沒問題的，而且居家的蘇士剛向來對小美百依百順，對她的要求也總是盡全力滿足，希望能給她幸福。

可惜小美太不容易滿足，看到別人家有什麼馬上就想買，看見別人有錢的老公，就越來越覺得自己的老公「沒本事」。生完孩子之後，小美開始變本加厲地挑剔起蘇士剛來，不但對孩子不管不顧，還大手大腳地花錢，絲毫不顧及蘇士剛的感受，這讓一直隱忍的蘇士剛覺得自己眼前的這個女人早已不再是當年單純可愛的小美，而是個不可理喻的潑婦。

終於有一天，小美又開始抱怨蘇士剛窩囊，嫌他不多賺一點錢，忍無可忍的蘇士剛拋下一句：「離婚！妳看著誰有錢跟誰去吧！」然後搬去父母家住了。

中國有句老話叫「貪心不足蛇吞象」，其實對當今社會的眾生來說，始終抱著對生活無盡需求、永不滿足的狀態是永遠難以獲得幸福的。不如重新拾起古人所崇尚的「老婆孩子熱炕頭」這種對幸福的詮釋，珍惜溫情、和睦、平淡、和諧的家庭生活，不爭名奪利，不嫉妒憤恨，方能理解人生的真諦，獲得真正的幸福。

買賣不成仁義在

「交情」是無形資產

我們都知道，上街購物討價還價十分正常，畢竟買賣雙方的立場不同，一個想少花錢，另一個想多賺點錢，所以很多時候在價格問題上無法達成一致也是常事，覺得不合適不買不賣也就罷了，倒也沒什麼問題，只是有些時候爭執往往就起源於此。

某老者去菜市場買菜，在一個農婦的攤前問茼蒿怎麼賣，農婦隨口說：「五毛錢。」於是老者拿起一捆遞給農婦五毛錢準備走，農婦連忙叫住他，說五毛錢是一斤而不是一捆。

老者覺得是農婦沒說清楚有些不高興，便和農婦理論了幾句，不料那農婦馬上惡言相向：「你想買打聽清楚了再買，買不起就說買不起，哪裡那麼多廢話，不買算了，我還不賣給你了！」說罷一把將老者手裡的茼蒿奪了過來。

老者被這話氣得臉都紅了，開始大罵農婦：「妳還敢教訓我，我買誰的菜用不著妳管，我活這麼大還沒見過妳這樣賣東西的人，妳還想幹不想幹？」

就這樣，兩人互不相讓爭執起來，不久身邊就圍攏了很多人。周圍群眾有的勸老者不要生氣，以免氣壞身體，有的勸農婦少說兩句，以和為貴。在眾人的勸說下，一番爭吵之後兩個人偃旗息鼓，原本興致很好的老者再也沒了逛街的心情，原本生意興隆的小攤也變得門可羅雀，誰也沒佔到便宜。

這樣的小事幾乎每天都會在市集上發生，其實反過來想想這種兩敗俱傷的爭執和糾紛實在毫無益處。中國有句老話叫「買賣不成仁義在」，即便買賣做不成，彼此間的感情還是在的，信任和友情也不會受任何影響，更不會影響到下次合作。

如果農婦和老者都能明白這句老話的意思，多從對方的角度思考，爭吵可能就會避免，也不至於傷了心情，傷了和氣。當然，這只是件微不足道的小事，如果這事發生在兩個做「大生意」的人身上，傷的恐怕就不僅僅是心情與和氣，而是財氣了。

所以但凡在商業上成就卓越者，都是注重「交情」，善於經營人際關係的高手，他們深諳「買賣不成仁義在」的真理，把「交情」當作無形資產，用心經營，努力維護，並使其轉化為真正的財富。

富甲一方的「紅頂商人」胡雪巖畢生人緣充沛，朋友遍天下，但如果缺少一個人的幫助，他就很難擁有後來的巨大財富，這個人就是杭州知府王有齡。

當初王有齡只是個落魄的小官，為了幫他當上浙江海運局的坐辦，胡雪巖冒了很大的風險四處奔波，幫他打通關節，最終使王有齡順利得到了這個油水很足的官職。

因為是患難之交，王有齡把胡雪巖視為恩人和知己另眼相看，處處給他行事順利，幫他自立門戶，開設錢莊、當鋪、藥鋪，經營絲、茶，讓胡雪巖走上了官商的通途，迅速暴富。

古人曾說：「人生得一知己足矣。」這句話告訴我們兩層意思，第一層是人生不能沒有朋友，至少也得有一個，另一層則告訴我們朋友和朋友是不同的，縱使你的關係網再大，人脈再廣，如果沒有關鍵人物也是不成的。

什麼是關鍵人物？除了交往多年關係好、能相互幫助或寄託感情的好朋友之外，還包括在必要時提攜我們的貴人，如王有齡之於胡雪巖。這些人是如何結交到的呢？生意上的客戶，工作中的上級，偶然相遇的大人物，想和他們有交情，必須牢記一點「買賣不成仁義在」。

當今社會，很多人抱著勢利之心，平時待人不冷不熱，有事相求才想起來送錢送禮，讓人一眼就看穿了背後的目的。想得到關鍵人物的幫助，不管當時有沒有相互利用的價值，平時都得「多燒香」，而且不管冷廟還是熱廟都要燒高香，只有這樣才能為將來做好鋪墊，在需要的時候順手拈來，祝你一臂之力。

有錢能使鬼推磨

拜金主義者的悲劇

「有錢能使鬼推磨」出自南朝劉義慶的《幽明錄．新鬼》，他杜撰了一段故事：有一個新到地獄的鬼，瘦弱不堪；在地獄中它遇到一個胖鬼，很羨慕，就問它怎麼才能變得富態起來。那個鬼告訴它，只要到人間作祟，鬧出點動靜，人們一害怕，就會供奉東西給它吃。瘦鬼於是高高興興來到人間，但它沒有調查摸底，就冒冒失失闖入一戶人家。見到廚房中有一口磨，搶步上前就推了起來。不巧，這家人很窮，自己都缺吃少穿，哪有食物供奉它呢？主人聽到響動，到廚房查看，空無一人，而磨在轉，便感嘆道：「天都可憐我，派鬼來幫我推磨了。」結果，瘦鬼推了半天，不僅沒撈到半點吃的，還累得半死。

這個故事，說的是瘦鬼莽撞冒失上了當，但它的原意是「作怪覓食」。從另一個角度來看，就是只要給予一定的利益，也就可以驅使鬼為人推磨了。

這一理論在當今看來還是頗有市場的，從網路上流行的這兩句戲謔的話中我們就不難發現：「錢不是問題，問題是沒錢。」「我視金錢如糞土，可是我一點糞土也沒有！」

不少老百姓都相信一點「只要有錢就沒有辦不成的事」，他們之所以會有這樣的想法當然有自己的理由：有錢可以擁有幸福無比的生活、可以獲得無尚的榮耀、可以加官進爵、可以盡享榮華……

生活中，我們不難發現，但凡想超越國家政策的許可和法律法規的界限去謀求生計，無疑需要依靠某些權力部門，而想要做到這一點，一般都要藉助金錢鋪路。然而無論如何爭取，怎樣讓手中握有權力的各路鬼神為自己「推磨」，最終贏得的不過是一時之利，結果往往都是引得「鬼」來敲門。

金錢本無善惡，關鍵在於如何獲取和怎樣使用：取不義之財，將金錢用在惡道上，只能結出「惡果」；但如果合法創收，並將金錢用在善途上，則能夠獲得「善果」。

貧賤夫妻百事哀

先買房，再結婚

網路上有一句話說出了眾多女性的擇偶心聲：我未來的男人，我希望你能有錢，因為我骨子裡有所有女人都存在的依賴心理，儘管我用不著你養，但是你必須要有養我的能力。

正是這句話，惹得很多男人發出痛苦的哀嚎：太傷人了妳，我的心都碎了。

民間有句老話說：「嫁漢嫁漢，穿衣吃飯。」從前，人們的物質生活條件較差，女人結婚嫁人一般跟情愛關係不大，甚至大多數直到結婚當天才能第一次見到自己的夫君。而當時擇偶最重要的標準並非長得多麼帥氣，有多高的個子，五官多標緻，而是是否家境殷實，嫁過去是不是能吃得飽，穿得暖。

放眼看去，很多走入婚姻殿堂的女人，往往並不是因為愛情，而是靠著婚嫁換取生計，將戀愛婚姻的追求當成溫飽的依靠，生活的歸宿，把自己的命運通通寄託在男人身上。嫁人後，依靠丈夫賺錢養家糊口，而自己則全身心地生兒育女、照顧家人、料理家務。

時至今日，隨著社會壓力的不斷增加，經濟條件的不斷提高，傳統的婚嫁觀念依然根植於女人的內心，不僅沒有銷聲匿跡甚至變本加厲，在攀高不下的房價面前，為了婚後不至於「居無定所」，不少人抱著「先買房，後結婚」的理念，寧願忍痛割愛，也不肯妥協，還搬出「貧賤夫妻百事哀」的詩句，以證明自己這樣做是有據可查的。

這樣的觀點無可厚非，女人尋求依賴，渴望安全感是理所應當的，畢竟如織女般為了愛情不惜放棄仙界生活甘願下凡過「你耕田來我織布」日子的女孩鳳毛麟角，況且有情飲水飽不過是傳說而已，過日子總得有吃有穿，只有「物質基礎」達到了，才能談「上層建築」。

當然，沒有錢、沒有房子、沒有穩定生活無疑是種悲哀，即便再相愛的兩人在這樣的狀態下也很難獲得幸福；但如果一味只追求物質而忽略情感，為了錢、房子、舒適的生活而不惜放棄愛情、埋藏真心，則更是悲哀中的悲哀。

剛從一段刻骨銘心的戀情中掙脫出來的陳靜悅沒等情傷徹底恢復，就認識了現任男友林建輝，兩人剛相處了三個來月就辦了結婚證，邁入了婚姻殿堂。其實陳靜悅對林建輝根本沒有什麼感情，林建輝是陳靜悅父親公司一個大客戶的兒子，半年前陳靜悅和朋友一起到西餐廳吃飯，正好遇到自己父親和林建輝父親談生意。

林建輝父親說起兒子還沒找到心儀的女朋友，陳靜悅的父親便提議讓兩人見見，當時陳靜悅正沉浸在被前男友背叛的陰影中，賭氣見了林建輝。沒想到自己走了走過場，卻讓林建輝一見鍾情。因為覺得林建輝這人雖然學歷不高但家世顯赫，有錢有車有別墅，再加上自己對愛情早已「萬念俱灰」，因此在雙方父母的極力撮合和林建輝的窮追猛打下妥協了。

然而結婚後的陳靜悅卻陷進了自己設下的圈套，婚前對她殷勤無比的林建輝一看生米煮成了熟飯，慢慢顯露出自己紈綺子弟的本性，甚至在外面養了小三。陳靜悅氣不過和他爭辯，他卻毫不在乎地說：「妳嫁給我不就是圖我的錢和房子嗎？現在錢不缺妳的，房子隨便住，妳管我那麼多幹嘛？」說完便甩手而去，只留下陳靜悅在空蕩蕩的大房子裡傷心。

自從婚姻和房子綁在一起，很多人都認為，必須有了房子才能結婚，似乎房子比愛情重要很多，可以給自己全部的幸福感、安全感和歸屬感，然而事實並非如此，像陳靜悅一樣為了錢和房子而不顧感情，最終只不過是把自己關進了「金絲牢籠」，成了「寧可坐在寶馬裡哭，也不坐在自行車上笑」的典範，只是這種日子是她真正想要的嗎？

如果幸福，「裸婚」[3]又何妨？當妳坐在寶馬車裡想哭都哭不出來時，此時的妳才是真正的傷不起！

註3：裸婚是指只辦理結婚登記，其餘如婚禮、宴客、蜜月等均不舉行的結婚方式。此詞多用於大陸地區。

財不露白

做低調的有錢人

當今社會流行一種「仇富」心理，也就是說「對富人階層或富人個體致富手段的合法性、依法納稅等操守所持有的懷疑和否定傾向的社會心態。」

從社會現實的角度來說，愛富屬於正常心理，畢竟愛美之心人皆有之；愛富之心，同樣人皆有之。但為什麼會有人存在這種「仇富心理」呢？相關調查顯示，有半數以上的人認為富人奢侈、貪婪、腐敗，不招人待見，甚至不願與他們為伍。這又是怎麼回事呢？原來這源自於另一種心理——「炫富」。

顧名思義，「炫富」就是說仗著自己有錢四處炫耀，生怕有人不知道，當然這種個性張揚的行為舉動無可厚非，但很多時候這種「高調炫富」的背後，卻隱藏著無盡的煩惱，甚至還會惹來殺身之禍。

某高校女教師坐火車探訪親友，隨後莫名失蹤。幾天後，女教師的家人接到數封勒索簡訊，女教師的家人驚慌地連忙報了警，透過多方偵查，刑警隊發現這位女教師已經遇害，而犯罪嫌疑人居然是一名大三的學生。

當員警詢問這名學生的殺人動機時，學生交代了事情的經過：「我在車上跟她坐對桌，聊天的時候她說她姐姐在外面投資，自己也想投資，我猜她家裡應該有不少錢，剛好我在外面欠了一筆錢，所以下車時設計綁架了她。結果她死也不肯給家裡打電話，我一怒之下就殺了她。」

就這樣，一個花樣年華、有著美好前程的大學教師因為在和他人談話中無意中「炫富」的言詞，丟掉了性命，也讓父母、家人為之心痛不已。

當今社會，炫富早已不是什麼新鮮的事情，甚至成了很多人的嗜好。不少「先富起來」的人因為過去窮慣了，突然有了錢就想趕緊在別人面前炫耀，以換得一點虛榮和自我滿足，於是逢人就大談生意如何，怎麼才能賺錢，很威風。

只是威風過後，危險也接踵而至：在普通市區開店，卻開著名車招搖過市，很容易被搶匪盯上，輕則傷財，重則喪命；外出旅遊，背著昂貴的相機，帶著價值不菲的首飾，一不留神就引得小偷光顧，一看你就是有錢人，不偷你偷誰？

2011年6月20日一位名叫郭美美的大陸女孩在網路上公然炫耀自己的奢華生活，並聲稱自己是中國紅十字會商業總經理，一時激起三層浪，不僅郭美美受到了網友們和媒體的圍攻，名譽掃地，連日子都過不安生，還連累得紅十字會跟著受到質疑，不得不多次出面解釋澄清。

由此可見，炫富不僅無法提高品味，獲得尊重，還會給自己招來橫禍，可是有錢並沒有錯，富裕也不是丟人的事，連孔子都說：「富而可求也，雖執鞭之士，吾亦為之；如不可求，則從吾所好。」只要能脫貧致富，哪怕是趕車也要去做；如果不能，再隨我所好。既然如此，一旦成為了「有錢人」，究竟應該如何去做呢？美國《經濟學人》雜誌的財經編輯羅伯特．蓋斯特告訴我們兩個字：低調。

他說：「想扭轉普通人對富人的成見，富人首先應該保持低調，不管是鑲嵌鑽石的皇冠還是大到無處停泊的豪華遊艇，都不要拿出來炫耀。花錢方式也要變得低調：讓子女接受更好的教育，隨叫隨到的醫療保健，去免遭妒忌的遙遠之地度假。」

其實這種辦法我們的老祖宗早想到了，並告誡我們說「財不露白」，也就是說錢財不能洩露給別人看，尤其是隨身攜帶的錢更不能在人前顯露。事實告訴我們，比起大搖大擺的「炫富」者，處事低調的有錢人更值得我們尊重。

也許你不相信，錢多的數不完的香港知名企業家——李嘉誠只有一輛用來接待貴賓、商討工作事務的豐田牌總統車，他生活簡樸，熱心公益，從不嬌慣孩子，還十分愛國。在他的悉心教導下，兒子李澤楷也成了「富二代」的楷模。

無論你富可敵國，還是腰纏萬貫，亦或剛剛邁入富人的行列，只要你牢記「財不露白」的古訓，高調做人，低調做事，把錢用在應該用的地方，不僅能保得千秋基業，更能備受世人推崇。

當然，為了說服時常想要膨脹的虛榮心，你還需記住這句話：「真正的有錢人生怕被別人發現有錢；只有沒錢的人才怕別人知道他沒錢。」

錙銖必較

節約是賺錢的一種方式

有著某知名高校的博士學位，在某外資企業擔任部門經理的楊德鑫，拿著高薪，終日穿著名牌西裝，開著賓士車，出入高檔場所，可謂風光無限，羨煞他人。可是讓很多人想不到的是，三十七、八歲的他卻始終沒找到自己的「另一半」。

也許有人覺得是不是他眼光太高了誰都看不上？還是他長得太「對不起觀眾」？其實都不是，正當年的楊德鑫雖然長得比潘安差點，卻也風流倜儻，而且他眼光也不算高，之所以遲遲沒找到女友，其實是因為他是個徹徹底底的「月光族」。

那麼高的收入，怎麼會成為「月光族」呢？從步入社會開始，楊德鑫就抱著這樣的想法：「我收入這麼高，職務也不低，就應該要享受人生。即使現在不是富人，也得在生活上向富人看齊。」

想到這裡，他便開始實踐，貸款買了車，租了高檔公寓，喝法國香檳，品嚐卡布奇諾咖啡，去西餐廳吃飯……賺得雖然不少，但花得更多，上了五年的班不但一分錢沒存下，還欠了一屁股債。

很多和他相處了一段時間的女孩子，最初覺得他體面光鮮，花錢大方，很能裝門面，也樂於跟他出入高檔場合，可是一想到買房子過生活這些事，都開始打起退堂鼓。一分錢都存不住，有多少花多少，甚至還欠債，這樣的人怎麼居家過日子，誰敢跟他過一輩子啊？

中國民間有句俗話說：「吃不窮，穿不窮，算計不到要受窮。」像楊德鑫一樣從不算計，花錢如流水，早晚有天會一貧如洗。真正的富人絕不會如此，他們對於金錢的態度，用一個詞來形容，就是「錙銖必較」。

「錙銖必較」這個詞出自於《荀子．富國》：「割國之錙銖以賂之，則割定而欲無厭。」錙、銖都是古代很小的重量單位，錙銖形容非常小氣，很少的錢也一定要計較。原本是個貶義詞，但用在對財富的態度上，卻是一種智慧。

可能有人會認為，錙銖必較說明這個人小氣，成不了大氣候，但正是這種錙銖必較的習慣，卻讓很多人從最初的原始累積一步步走過來，成就了一生的富貴。

曾有人算過這樣的一筆帳：比爾蓋茲的錢可以用來買 31.57 架太空梭，或者 344 架波音 747，拍攝 268 部《鐵達尼號》，買 15.6 萬部勞斯萊斯產的豪華轎車。

但如此有錢的比爾‧蓋茲唯一可以稱得上奢華的，只有他們位於西雅圖郊區價值5300萬美元的豪宅，而豪宅中的陳設也並非常人想像中的富麗堂皇，因為比爾‧蓋茲認為：「必須要把賺到的每一分錢都花得有價值，不能浪費一分錢。」

美國的石油大亨洛克菲勒儘管擁有鉅額財富，卻始終保持著錙銖必較的理財態度，他無時無刻都隨身帶著記帳本，對各種花費開銷一一記錄在案，即便是只有三分錢的郵票也從不漏記。也正是因為他的這一習慣，在經營石油公司時，他總能準確無誤地掌握成本與開支、銷售和利潤，最終成就了傲人的業績。

由此我們不難看出，錙銖必較是一個人駕馭財富的能力，同時是一種花錢的智慧。不少人之所以窮，並非因為他賺得少，而是因為花得太多。擺闊、好面子、虛榮心強，有時並不能給自己帶來益處，反而會讓財務入不敷出，甚至負債累累。

如果不想永遠待在窮人的行列中，你必須要學會控制自己的慾望，拒絕浪費，學會節省，把今天的錢留到明天花，而不是把明天的錢今天就花掉。

一個人會賺錢很重要，但更重要的是要懂得省錢，不懂節約的人即使賺得再多也依然是個窮人。而懂得節約的人即使賺錢不多，也會月月有結餘，年年有收穫，因為節約也是一種賺錢的方式，而且最為行之有效。

馬無夜草不肥

賺錢需要有想法

中國地區的蒙牛集團前老總牛根生曾經說：「財富不在口袋裡，而是在腦袋裡，腦袋決定口袋。口袋的鬆緊，決定你一生的幸福，也決定你臉上的笑容。」

確實如此，無論對任何人來說，生活的好壞都是由智慧決定的，錢總喜歡往有頭腦的人口袋裡鑽，人們常說：「你看人家那腦子，就是有賺錢的門道。」放眼望去，但凡取得一些成就，獲得一些財富之人，都是很有頭腦的人，也就是說，想賺錢必須得有想法。

不過反過來想，每個人都只長著一個腦袋，每個人的腦袋裡都裝著許多想法，這些想法有的可以賺錢，有的則只會賠錢。當今社會，機會轉瞬即逝，市場風雲變幻，如何才能更好地把握商機，獲得高額財富呢？

俗語說：「人無橫財不富，馬無夜草不肥」，意思是只有在正常收入之外得到額外的錢財方能致富，而這種正常收入之外的錢財肯定不是黑心錢，否則等在前面的不是榮華富貴，而是滅頂之災。那麼究竟什麼樣的「橫財」能讓你賺大錢呢？

有句順口溜告訴我們：「腦袋空空口袋空空；腦袋轉轉口袋滿滿。」有人成天做發財夢，窮盡一生，依然難以脫貧；而有的人則在輕而易舉之間就發了財，致了富，究其原因就是觀念和思路的問題，也是腦袋的問題。

賺錢是需要智慧的，所謂智慧其實就是指想法，只有想不到沒有做不到，所以有人說「心有多大，舞臺就有多大」，其實「腦子裡想法有多少，錢包裡就會有多少。」不會思考的人是愚笨的；不願思考的人是懶惰的；不敢思考的人是怯懦的，想發財，必須要敢做、勤懇、聰慧，唯有如此，方可出類拔萃，改變命運，擁有財富。

中國地區的海爾集團首席執行長張瑞敏，1997年去四川西南農村考察，發現當地農民用的洗衣機排水管處常常有污泥堵著，於是很好奇地問：「你們的洗衣機排水管為什麼總有這麼多污泥堵著？」有農民告訴他，因為除了洗衣服，他們的洗衣機還要用來洗地瓜。

回去的路上，張瑞敏開始思考一個問題，怎樣才能讓洗衣機不僅能洗地瓜，還不會把排水管堵住。到了公司，他把這一問題丟給了研究部門，有個大學剛畢業一年的小夥子說：「洗衣機就是用來洗衣服的，怎麼能用來洗地瓜呢？」

張瑞敏很認真地說：「這些農民給我們提供了一個多少錢也買不到的重要資訊，下一步你們要研製出一種能洗地瓜的洗衣機。」

接到這個課題後，研究人員用了半年多的時間，研製出了一種名叫「大地瓜洗衣機」的機器，裡面並沒有什麼過於高深的學問，不過是弄了兩個排水管，一個粗一點一個細一點，洗地瓜的時候用粗的，洗衣服的時候用細的。

讓很多人沒想到的是，這種經過簡單改進後的洗衣機一經面世，立刻受到了廣大農民的喜愛，獲得了很好的經濟效益。

「大地瓜洗衣機」的誕生不僅讓很多對張瑞敏不服氣的人從此閉嘴，更讓我們總結出這樣的結論：一些看似荒誕不經或極不現實的事情，其實並非真的難以突破，只要肯動腦筋，只要能抓住每一個可以利用的資訊，然後進行加工改造，就能找到創新的契機，就能創造出「用洗衣機洗地瓜」的市場神話。

在創造財富的道路上，腦袋決定口袋是永恆不變的真理，財富無處不在，而唯有依靠腦袋致富才是大勢所趨。億萬財富買不到一個好點子，好主意卻可以賺得億萬財富。

聰明的腦袋，先進而高遠的思想觀念，是決定一個人命運的主要因素，對每個想發家致富的人來說，只要轉變觀念，掌握趨勢，積極開動腦筋，大膽勇敢地跨出第一步，也許下一個百萬富翁、千萬富翁就是你。

撐死膽大的，餓死膽小的

賺錢需要有魄力

齊宣王很喜歡聽人吹竽，而且一定要三百個人一起吹。什麼都不會的南郭處士自告奮勇要為齊宣王吹竽，齊宣王很高興，並好吃好喝地招待他和其他好幾百吹竽的人。

後來，齊宣王死了，他的兒子閔王即位，但這個閔王雖然也喜歡聽吹竽，不過他喜歡讓人一個個地吹，南郭處士只好逃走了。

這就是「濫竽充數」的故事，它告訴我們，弄虛作假的人儘管能蒙混一時，卻無法蒙混一世，經不起事件的考驗，終究會露出馬腳。所以一般只要聽到這個典故，很多人都會諷刺那個落跑的南郭先生，覺得他沒有真才實學。

但反過來想想，齊宣王在位的時候，南郭先生明明不會吹竽，卻能和其他幾百個會吹的人得到相同的待遇，這是為什麼呢？因為他膽子大，敢冒險。當然我們不能否認，他是個不學無術的混子，可是從另一個角度上來看，他的膽識卻恰恰值得不少今人學習。

俗語說：「撐死膽大的，餓死膽小的。」膽大很有可能存在風險，但也有可能收益可觀；膽小雖然沒有風險，卻永遠不可能獲得收益。換句話說，膽大是找死，但可能死中求活；膽小是等死，而且必死無疑。古今中外但凡有所建樹者，能在各個領域獲得成就的人，大多「膽大包天」。

井植歲男是日本三洋電機的創始人，他曾在年會上講了這樣一個故事：

一個陽光明媚的下午，他的園藝師傅對他說：「社長先生，您的事業越做越大，而我卻像這樹上的蟬一樣，一輩子坐在樹幹上什麼作為都沒有，您能不能教我一點創業的秘訣呢？」

當時井植恰好沒事，於是跟他說：「好，我看你比較適合園藝工作，要不這樣，在我工廠旁邊有兩萬坪的空地，我們來合作種樹苗吧！」

「一棵樹苗需要多少錢能買到？差不多40元吧！」井植繼續說道，「我出100萬元的樹苗成本和肥料費，此後的三年，你負責除草施肥，三年後我們可以收入600多萬的利潤，到時候我們倆一人一半。」

聽到這裡，園藝師的手都發抖了，他連連搖頭：「不行不行，我可不敢做這麼大的生意！」

結果可想而知，此後這位園藝師的餘生依然在井植家裡栽種樹苗，每個月按時領工資，直到老得再也做不動工作，白白失去了這一致富的良機。

很多人都會用「膽量」這兩個字來形容敢想敢做、敢做敢當的精神，其實在複雜的社會生活中，當我們面對林林種種的問題和矛盾時，除了需要經驗、智慧、謀略、才幹，還有一樣東西必不可少，那就是膽量。

所謂膽量，通俗地講就是要敢於想別人所不敢想的，做別人所不敢做的，為別人所不敢為的。對想透過一己之力完成某件事或成就一番事業的人來說，這無疑是最具決定性作用的。

很多時候，有些事情大多數人做不來、做不好，其實並不是不會做、不能做，而是不敢做。認真研究改革開放後某些暴發戶的資料你就會發現，他們當中很少有老實本分循規蹈矩的高學歷、高智商者。

但正是這些原本在公司並不受重視，甚至被人瞧不起的人，做出了很多循規蹈矩的高學歷、高智商者永遠無法企及的成就。這到底是為什麼呢？其實很多人都是被逼出來的，為了生存，為了發展，為了擁有財富，他們不得不拋開一切勇敢地向前闖。

這些人敢於「自毀前程」，打破原有的條條框框，義無反顧地把自己推向市場；這些人敢於做「第一個人」，想別人不敢想，做別人不敢做的事；這些人敢於冒險，哪怕傾家蕩產也在所不惜……正是因為這樣的魄力，他們在成功的道路上披荊斬棘、一路直行，也正是因為這樣的魄力，所有人都為之讓路，最終獲得了成功。

因此只要你願意拿出魄力和膽識，你也是會成功的。

奇貨可居

要想發財，得保證自己與眾不同

在日本有個名叫吉田正夫的人，一直為怎樣賺更多錢而發愁。一天他去外地省親，在市集上看見一個擺攤的漁民，面前放著一排玻璃魚缸，而魚缸裡放的並不是魚，而是小石頭。

吉田正夫好奇地走近，發現每個魚缸裡的小石頭都帶著縫隙，仔細一看，縫隙裡還有兩隻小蝦。透過詢問他得知，原來這些蝦自幼成雙成對地生活在石縫中，長大後已經不能從石縫裡面游出來，所以只能在石縫裡度過一生。

當地的漁民根據蝦的這種特性，將牠們一對對放入微作加工的石縫中，然後注入清水，做為觀賞性的小動物出售，結果生意出奇地好。在好奇心的驅使下，吉田正夫也買了一對小蝦賞玩。

回到家後，吉田正夫繼續觀看石縫中兩隻小蝦的一舉一動，突然靈光一閃：「既然這些小蝦成雙成對地在石縫裡生活一輩子，這不就是愛情專一的象徵嗎？如果把牠們做成結婚紀念品，豈不是別出心裁？」

想到這裡，他顧不上跟家人解釋原委，馬上從銀行貸出一筆錢，在東京開了一間結婚禮品商店，專賣這種小蝦。經過他的一番精心設計，此時的小蝦早已不住在簡陋的玻璃魚缸粗糙的石縫裡了，而是住進了更「奢華」的房子裡。

原來，他把人工製作的假山石裝在一個小巧玲瓏的玻璃箱中做為小蝦的「別墅」，然後裝飾一些水生植物，注入清水，讓小蝦在「石房子」裡生活得十分安逸。出售時還附帶精緻的說明書，裡面將小蝦從一而終、白頭偕老的故事描繪得真切動人。

這種小蝦一經推出，立刻引起了良好的市場效應，幾乎所有新婚夫婦只要看見都會買一件帶回家，甚至很多老夫妻也紛紛買回去觀賞和紀念，而吉田正夫也因此獲得了豐厚的收入。

有句成語叫「奇貨可居」，說的是獨佔或唯一的東西可以賣到更好的價錢，吉田正夫的這種小蝦無疑就是一種「奇貨」，雖然小蝦還是原來的小蝦，但加上一個故事和一種寓意之後，牠就變成了獨一無二的，因而身價倍增，成就了吉田正夫的事業。

這也說明了一個道理，那就是想發財，必須保證自己有別出心裁的地方，保證與眾不同。

曾有記者問過香港知名企業家李嘉誠：「為什麼到處投資，做這個做那個，中國絕大多數人都無法成功，而你卻能成功？」

李嘉誠說：「因為我的手頭上始終有一樣產品即使天塌下來也都是賺錢的。」他告訴記者，無論做什麼，不一定要做大，但一定得做好，一定要與眾不同。

李嘉誠的話很值得深思，其實不只李嘉誠，但凡在事業上有所成就，在商海中永不沉淪的經商者都有自己獨具一格的特色。星巴克的咖啡賣了兩三百年，1.5萬家店開到全世界，難道它的咖啡一定比別人家的好喝嗎？並非如此，而是因為他們有自己獨特的經營理念。所以想賺大錢，必須要有獨特的想法，要有與眾不同的生意。

如果你隨便到街上逛一圈就會發現，有特色的小店都會受到歡迎，生意也好得很，而這些店主無一不是對時尚擁有敏銳感覺，對市場訊息十分敏感者。他們用自己獨特的創意、敏銳的洞察力來經營生意，他們相信只有獨具慧眼才能最富生命力。

個性就是生命，就是財富，就是長盛不衰的秘訣。所以想要發財，你必須賦予自己的產品最獨特的個性，給自己創立最卓越的品牌，這樣即便將來有人複製你的產品、服務、技術以及流程，卻永遠也無法超越你的個性，因為你始終是與眾不同的，你的產品也永遠都是「奇貨可居」。

人棄我取

善於在不起眼的地方發現商機

有個普通的農民，透過一番市場調查後發現城裡人買絲瓜有個習慣，除了要求瓜的品種好，還喜歡挑選那些長得直且勻稱的。後來他經過打聽得知，原來那種長相勻稱、比較直的絲瓜好刮皮，省時省力，又不容易斷。

這位農民靈機一動，種植絲瓜的時候在每根絲瓜成長時梢頭上都吊了一塊小石頭，這樣絲瓜就長得又長又直，而且很勻稱。上市後雖然價格比其他瓜農賣得貴些，生意卻是最好的。

城裡人如何選購絲瓜，這樣一個小細節聽起來太微不足道，但就是這樣一個很不起眼的小細節，讓這位農民發現了商機。可別小看這些細節，它可是一種賺錢的智慧，而這種智慧早在西漢的時候，我們的老祖宗就曾提到過，那就是「人棄我取，人取我與。」

在《史記．貨殖列傳》中曾描寫過這樣一個故事：在戰國初期，魏文侯讓李悝當相國，厲行改革，加強統治。於是李悝在全國上下實行了保護農民利益和發展農業的「平糴」法，通俗點說就是在國家豐收的年份用平價買進糧食，到荒年時再以平價賣出，讓糧價得以保持穩定。

李悝的做法果然奏效，幾年之後，魏國的封建統治和經濟的發展都上了一個新的臺階，魏國也成了戰國初期的強國之一。

李悝的功績就這樣被傳開了，隨後他所採用的「平糴」法讓一個名叫白圭的商人深受啟發，想到了一個適應時節變化的致富辦法，也就是「人棄我取，人取我與」。這個辦法其實很簡單，就是別人不要的我要，別人要的我就給。

豐收季節，農民收的糧食很多，價錢便宜且很少有人需要，於是白圭大量買下糧食，而此時因為不是蠶絲、漆等貨物出產的時期，所以價錢高，他就趕緊賣出去。到了收絲的季節，蠶絲大量上市，價錢降了下來，而糧價卻開始高了起來，此時白圭則大量收入蠶絲，賣出糧食，在一買一賣中，牟利致富。

無論是湖北的農民，還是古代的白圭，他們致富的妙招其實只有一個，那就是善用巧力，不眼高手低，而這恰恰是生意人最好的開端。因為小生意從來都是為大生意奠定基礎的，只有從小生意開始，著眼於細節，用心鑽研，才能把生意漸漸做大。

即便一個每月收入很少的小生意，集腋成裘也能累積出一筆可觀的財富，至少也能脫離雇傭關係獨立生存。在你手上的實際資源很少時，構思的起點越小，成本就越低，風險就越小，你就越容易獲得成功。

千萬不要覺得「這個生意太小，根本賺不到錢」，「這種微不足道的事情，誰不會，我也不屑去做」，一日有了這種想法，再好的機會都有可能會錯過，再獨特的生意也會因此而被搞砸。

想賺巧錢，必須要深諳「人棄我取」、「避實擊虛」這兩個成語，這兩個成語有著異曲同工之妙，「人棄」就是空檔，就是虛，就是別人認為沒有價值，輕視的，不起眼的，冷門的空缺。而這種空缺有些時候，往往就是致富的開端。

有位猶太父親問兒子，一磅銅值多少錢？兒子毫不猶豫地告訴父親：「35美分。」父親搖搖頭笑著說：「整個德克薩斯州都知道每磅銅的價格是35美分，但做為猶太人的兒子你卻不應該這樣告訴我，你要把它看成3.5美元，你試著把它做成一個門把看看？」

在父親的引導下，這個兒子不但把一磅銅賣到了3.5美元，甚至還賣到過3500美元，因為他將這塊銅做成了奧運會的獎牌。

同樣一件東西，有時轉變一下用途，增加一些附加價值，馬上就能產生更大價值；同樣一個看似不起眼的事物，如果換一種眼光，用另一種方式來看待，也許它的價值立刻增加上百倍。

「人棄」的好處在於沒有太多人和你競爭，而你也可以相對低廉地取得它，換句話說，真正的空檔不在看起來不起眼，不特別，而在於你的腦子裡有沒有這根弦。

有錢沒錢，回家過年

孝心也是一筆財富

「我相信每一個赤誠忠厚的孩子，都曾在心底向父母許下『孝』的宏願，相信來日方長，相信水到渠成，相信自己必有功成名就衣錦還鄉的那一天，可以從容盡孝……」

這是畢淑敏在一篇名為〈孝心無價〉的文章中寫下的文字，這段描述其實正是每個身在異鄉的遊子內心深處的期盼，而中國古代卻有這樣一句惹人淚下的詩句：「樹欲靜而風不止，子欲養而親不在。」

從古至今究竟有多少外出多年始終在內心深處對父母深懷思念，卻又總拿著各式各樣理由不肯回鄉，最終再也無從盡孝，再也沒機會讓父母端詳的人？恐怕誰也數不清。當然，這些人並非不孝，也並不是無心，正如畢淑敏所說，他們總想著來日方長，總認為遲早有機會，等到自己有飛黃騰達的一天，等待自己衣錦還鄉，自然會讓父母盡享天倫之樂，永受兒孫繞膝之福。

然而事情往往並沒有他們想像這般容易，且不說打拼多年一事無成的窘境，即便終有衣錦還鄉的一日，父母在有生之年是否還能等得到？很多時候，年輕一代並不理解老人的心思，或者即便理解也有著一肚子苦水想倒：

「當今社會競爭如此慘烈，錢那麼不好賺，你不忙著賺錢，錢就會讓別人賺走，你不時刻緊盯機會，機會就會被別人納入囊中。孝道難盡，頂多只能常往家裡寄錢，經常給父母買好東西，抽空打個電話，至於過年回家的事，唉，還是從長計議吧！」

在這樣的無奈之下，很多人從年頭忙到年尾，混得好的、混得不好的都在四處奔忙，甚至到了過年也馬不停蹄，提到回家便是一聲長嘆，覺得還不是衣錦還鄉的時候，或者因為某些「不得已」遲遲不肯回鄉團圓。

自從大學畢業進入公職單位後，劉隆盛就一直沒回過老家。他的老家在一個偏僻的小村莊裡，而他是整個村子裡第一個大學生，全村人把希望都放在他一個人身上。得知他畢業後考上了公務員，更是覺得他是村子裡「最有出息」的人。

得到這個來之不易的職位，劉隆盛付出的心血自不必說，知道他在大城市「當官」的親戚、朋友總認為他一步登天，成了城裡有錢的人，但箇中滋味只有他一個人才知道，雖說進入了政府單位，他卻是最底層的公務員，沒錢沒權不說，工作還出奇的忙。

因為工作需要，連著三年的除夕他都要值班，因為路途遙遠，交通不便，三兩天根本回不來，所以儘管他一直很想回家看看父母卻始終沒能如願。當然，有時候他也不是很想回家，對父母的思念是一方面，但「近鄉情更怯」卻也讓他游移不定。

去年除夕，上司知道他家遠特批他可以不用值班，他卻拒絕了上司的好意，畢業已經三年多的他還沒有找到另一半，這成了父母擔憂催促的話題，為了讓父母放心他謊稱自己已經有了女友，只是要相處一陣子再訂婚事，如果回家這個謊怎麼圓？

為了盡孝，李隆盛只能將薪水的大半郵寄回家，還常常打電話回去，聽聽父母的嘮叨，編織善意的謊言。只是每年除夕，他總會一個人在城市的燈紅酒綠中聽鞭炮聲聲，獨將思鄉的愁心寄予明月，隨風帶去對家人的問候。

其實在父母心中，不管是否做出什麼成就，也無論是否正遭遇某種困境，兒女永遠是兒女，始終是心頭無比牽掛的孩子。他們最希望看到的不過是兒女的笑顏，最希望聽到的只是兒女的聲音，最願意摸到的則是兒女的臉頰，至於有錢沒錢，日子究竟過得如何，並不在他們的考慮之中。

前段時間，網路上有篇名為〈算算你這輩子和父母相處的日子還剩多少〉的文章讓眾多網友頗感心酸：「如果你和父母分隔兩地，每年你能回家幾次？一次幾天？中國人的平均壽命是七十二歲，即使父母活到八十五歲，你這輩子到底還能和父母相處多久？」

某網友這樣回應：「這輩子我和媽媽也許只能相處25天了，我畢業後留在外地，一年頂多春節回家一次，真正在家的時間不超過五天，而這5天中大概還有3天要出門和朋友聚會、應酬，剩下的時間除了吃飯睡覺上街之外，真正能陪在媽媽身邊的時間大概只有20小時。媽媽今年五十五歲了，如果上天眷顧讓她活到八十五歲，在她最孤獨的那30年中，我能在她身邊的時間不超過600小時，也就是25天，還不到一個月。」

算完這筆帳，一直覺得很自己很孝順的網友不禁淚流滿面，他為自己的答案愧疚不已，你的答案又是幾天？相信每個人算過後都會感到震驚，並充滿對父母深深的愧疚。

終日奔波在外的遊子，無論你是日理萬機的高層主管，還是時間金貴的商業大亨，不管你是辛苦奔勞的打工仔，還是每天都想著如何省錢的工薪階層，春節臨近的時候，能回家就盡量回家吧！因為再大的財富，也大不過親情，再多的錢，也換不來孝道。

破財消災

花錢買平安

韓阿姨在市場上買菜，突然有個婦女熱情地向她介紹一名法師，她自稱是法師的「孫媳婦」，說看到韓阿姨印堂發黑，可能最近會有禍事臨頭。

一向迷信的韓阿姨連忙問是怎麼回事，這個婦女煞有其事地看了看韓阿姨，然後說她兒子最近會遇到邪氣，如果不化解很有可能會喪命，必須要花錢買平安。韓阿姨手忙腳亂地跑回家，把金戒指、金耳環全都給了這個「孫媳婦」，還聽信她的話，在院子裡向東南的地方擺上香案，不停祈禱。

其實，韓阿姨遇到的是一個詐騙集團，主要作案對象為中老年女性，這樣的詐騙行為少說也有十幾次了。

所謂「破財消災」，其實不過是一種自我安慰的方式，以便讓自己心理求得平衡。這個詞一般會被用在受到錢財損失時，比如不小心摔破碗碟，為了不讓自己太過心疼，安慰自己「碎碎（歲歲）平安，破財消災」。但如果把這個詞用在迷信中，卻只能跟韓阿姨一樣上當受騙、吃啞巴虧，根本消不了災。

除了上面這種迷信行為，還有一件讓人啼笑皆非的「花錢買平安」的事曾在大陸陝西省神木縣上演。

2008年11月的某天，在陝西省神木縣公安局大柳塔分局領導的倡議下，一個名為「花錢買平安，平安促發展」的會議召開了，會場設置在內蒙古鄂爾多斯市伊金霍洛旗烏蘭木侖鎮的神東賓館迎賓樓二樓會議室，參與人員是當地的眾多煤老闆，目的是收取「贊助費」。

在現代法治社會中發生這樣一齣「鬧劇」，不僅為公安系統的臉上抹了黑，更讓諸多公民產生了質疑，只是讓人疑惑的是，收錢者言之鑿鑿，交錢者卻趨之若鶩，這是怎麼回事呢？

對於為何要收取「贊助費」，大柳塔公安分局局長是這樣解釋的：「如今刑事案件頻發，公安機關的經費十分吃緊，根據社會治安綜合治理原則，我們宣導花錢買平安，平安促發展，所以有錢的出錢，有力的出力吧！」

對這樣強詞奪理的「理由」，在座的煤老闆非但沒有一個人反對，反而積極踴躍地贊同，紛紛掏腰包，甚至還慶幸自己「輪上了」。為什麼煤老闆們願意如此積極地「贊助」公安機關呢？

仔細觀察眼前頻發的礦難，便不難發現其中的詭計了：在屢禁不止的礦難背後，都少不了官煤「結盟」的幽靈在巡弋和徘徊，如果沒有「官商勾結」一說，該整頓的怎麼會不整頓，該關門的怎麼不關門呢？

相關媒體曾披露，河北省邯鄲市有一幫被當地警方稱之為「地下 110」的黑社會團夥，他們只要收取一定的「出警」費用，就能替人暴力索債、報復行兇、干擾村官選舉。由此可見，煤老闆們確實是花錢買了「平安」，只是他們的這種「平安」卻成了眾多「煤灰」不平安的導火線，那麼這些拿了「贊助費」的大柳塔分局，會不會也從地上走向地下，變成煤老闆們的「地下 110」呢？

這些花錢買平安者在買到了「平安」的同時，也踐踏了法律的尊嚴，損害了國家和政府的形象，如果任由這種現象發展，後果將難以想像。所以這樣的「平安」不買也罷，這些兜售「平安」的人不理也罷，公道自在人心，只要行得正走得端，問心無愧，自然會擁有平安。

花錢買教訓

經驗比錢更有用

某天深夜，鄭思源接到了一通個電話，對方自稱是他打工時認識的朋友王立華，問他是否在家，說自己可能要去那辦事。鄭思源平時的朋友不多，一聽朋友要來連忙二話不說就一口應允：「好，到了找我。」

第二天早上9點多，「王立華」再次打電話給鄭思源，說自己昨晚已經到了，但是在某夜總會跳舞的時候被員警抓了，要罰款。曾獨在異鄉漂泊過的鄭思源很能體會「出門靠朋友」的感覺，馬上往「朋友」指定的帳號裡匯了一些錢。

錢剛剛匯到，「王立華」又來電話，說自己被查到吃過搖頭丸，需要再匯一些，聽到這裡鄭思源覺得自己可能受騙了，立刻報了警。經過調查才知道這個「王立華」哪裡是他原來的朋友，而是偷了他朋友的手機，並藉此騙錢，如果不是騙子貪得無厭，這次鄭思源的錢可就打了水漂了。

其實這樣的騙局如今並不少見，有的人「吃一塹長一智」，花錢買了教訓，將此當作一次成長過程；而有的人則在別人的教訓上學到經驗，時刻警惕，不再受騙。無論是哪一種，都說明了一點，有些東西不是錢能換來的，經驗比錢更管用。對準備成就一番大事的人來說，更是如此。

只要邁入工作崗位的人都明白一點，不管做什麼工作，都能獲得兩種報酬：一種是看得見的報酬——金錢，而另一種則是看不見的報酬——經驗。很多人都覺得，賺錢才是硬道理，所以哪兒錢多去哪成了很多人的首選，但事實上更多時候，經驗比錢更重要，因為經驗會讓你走得更遠。

剛畢業兩年的楊裕超如今已經是一家電腦公司的老闆了，每年都有上百萬的進帳。說到自己的經歷他幾乎是笑著講完了自己曾「賠慘了」的創業故事。

大三時，當所有同學都在忙著找工作的時候，他卻一心想著創業，在學校附近開了一個維修和組裝電腦的鋪子，開始第一次創業試驗。

因為屬於機會型創業，楊裕超剛開始就沒抱著一定會賺錢的信念，但也沒想到一次錯誤的進貨不但讓他把之前賺的錢全賠了進去，還倒貼了一些。

楊裕超現在回想起來說：「當時我雖敗猶榮，儘管賠了錢卻買到了經驗，知道什麼樣的貨不能進，也為我此後累積了很多經驗，這些經歷太寶貴了，比賺錢更重要，雖然賠了不少，但就算是花錢買了個教訓吧！」

挫折過後，頭腦靈活的楊裕超重整河山，開始了新一輪的奮戰，果然「吃一塹長一智」的他再也沒有重蹈覆轍，而是越來越有經驗，工作上越來越得心應手，還擴充了公司規模，當起了老闆。

其實不管做什麼，也不管是什麼樣的起點，只要你喜歡做，就要樹立起必勝的信心，堅持到底，即使賺不到錢，甚至賠錢都不要氣餒，因為經驗比錢更有用，當你的經驗越來越豐富的時候，財富就會不請自來。

成己達人

雙贏的智慧

當年，曹操率領八十七萬精兵猛將南下攻吳，諸葛亮審時度勢，做出了一個驚人的決定，和東吳聯合起來，共同抗曹。最初很多人並不看好這個建議，但諸葛亮還是堅持了下來，事實證明他是睿智的，此舉不僅為吳國抗曹補充了兵力，提供了良策，最終獲取了勝利，更是為蜀國此後得以保全和進一步發展，立下了汗馬功勞。

也許後人在史書中並沒有看到諸葛亮真正的才智和軍事上的作用，但他在政治上的掌控大局，尤其是如此雙贏的舉措，確實為人稱道，他的成功在於善於利用自己和外部的力量，在為他國提供幫助的同時也為自己造福，一舉兩得，可見雙贏才是真正的大智慧。

人們將這種行為稱之為「成己達人」，意思是成就和幫助別人的同時，發展和完善自己，進而實現自己的理想，達到自己的目標。它一方面告訴我們，不斷完善和壯大自己的目的是為了更好地為他人和社會服務；另一方面則是指，只有為他人和社會服務，才能不斷完善和發展壯大自己。

除了軍事，在政治和經濟範疇內這種雙贏的智慧同樣重要。

西班牙人哈姆自幼就喜歡製作各種樣式的糕點。隨著西方移民浪潮的興起，哈姆這顆不安分的心再也不能平靜下來，帶著自己的糕點技術來到了夢想已久的美國。

來到美國後，哈姆才發現，這裡並不是大多數人想像的那樣遍地黃金，更為遺憾的是自己的西班牙糕點並不受人歡迎。

這時一個機會來臨了。

1904年的夏天，在美國的路易斯安那州舉行世界博覽會，他有幸得到當地政府的允許，將自己的薄餅攤搬到會場外面。

半天過去了，哈姆發現人們對自己的薄餅依然不感興趣，而他旁邊的一個賣冰淇淋的商販生意倒是分外興隆。

沒過多久，旁邊的商販就賣出了很多冰淇淋，並且將自帶的碟子很快就用完了。

喜歡幫助別人的哈姆見狀立即將自己的薄餅做成錐形，讓他來盛冰淇淋。對方見狀，也同情哈姆生意寡淡，就買了哈姆的薄餅。

就這樣，大量的冰淇淋和薄餅被顧客吃進嘴裡，並且很多顧客對這一做法非常看好。令哈姆意想不到的是，這種錐形冰淇淋被博覽會評為「最受歡迎的產品」。

從此，這種錐形冰淇淋開始迅速傳播，廣為流行，並演變成今天的蛋捲冰淇淋，成為風靡全球的美味食品。

它的發明者哈姆恐怕永遠都不會想到，他一次偶然間的創意卻整整延續到現在，難怪有人把蛋捲冰淇淋的發明稱為「神來之筆」。

哈姆不但幫了別人，自己的生意也好了，這絕對是雙贏。

可見，雙贏不僅是成己達人的善意，更是「用自己的長處彌補別人短處」的智慧結晶，這種依靠顧全大局的能力造福於雙方的智慧，不但能讓你的事業更上一層樓，還能讓你在業內的口碑和名聲更加顯赫。

富在深山有遠親

有錢人門前為什麼總是人聲鼎沸？

古語說：「富在深山有遠親，窮在鬧市無人問」。隨著社會的不斷變遷，時代的不斷發展，很多事都隨歷史的長河慢慢遠去，但這句話仍然有著巨大的市場，對今人頗有借鑑意義，它很現實地表現了財富對於一個人的重要性。

這句話的意思很直接明白，卻也清楚地告訴我們了一個殘酷的現實：不管是人生百態還是世俗風情，無一不被打上孔方兄[4]的烙印。身為貧窮者哪怕身居鬧市，親朋好友也會避你如瘟疫，搭理你生怕如膏藥般黏上人家，不理你又不想落不義之名；而如果你家財萬貫，哪怕為了養生而住進了深山老林，即便是天涯海角，再遠的親戚也能找到你，打都打不走。

也許你對這一觀點嗤之以鼻，或者不屑一顧，但事實原本就是如此。所以對於每位自尊

註4：因古時銅錢外形圓內孔方，故戲稱錢為孔方兄。

心強、不甘心被人「避之唯恐不及」者，不管身處何處，都必須盡快讓自己富有起來。

誰也不能否認，只要你能透過合理合法的方式富有起來，你就是父母眼中的好孩子，情人眼中的好伴侶、孩子眼中的好父母，同事朋友眼中的好朋友，而這也無疑是你人生中最大的成功。

出生在窮鄉僻壤的廖明強十歲那年就因為家裡沒錢而被迫輟學，無奈之下，他背起行囊離鄉背井，到大城市裡開始了艱難的打拼生活，但正是這種打拼，讓他在社會中不斷進步，也因此改變了命運。

在廖明強的記憶中，從小到大他們家似乎從來沒有過「親戚」走動，父母也從未向他提起過任何有關親戚的事情，日常生活中除了個別鄰居偶爾到他家串門，就再也沒有人對他們一家問津過。

獨自一人遠赴海外打拼的廖明強，因為文化程度不高他在剛開始時吃了不少苦頭，從最初的搬運工到後來的郵遞員、工廠工人、車間隊長直至升為工廠主任，他經歷了常人少有的磨難，也獲得了常人少有的經歷。

沒有學歷和文憑、沒有關係和後臺的廖明強依靠自己的能力，認真工作、努力適應、刻苦鑽研，最終練就了超群的管理能力，一步一腳印地向上走，最終成就了一番事業。

衣錦還鄉的廖明強榮歸故里，讓他沒想到的是，奇怪的事情接踵而至，隨後總有人到廖明強家拜訪，帶來各種土特產，還在他們家住下來，一問父母才明白，這些登門的居然是老家親戚，他頓時恍然大悟，原來自己也有親戚，只是因為過去家裡窮，親戚們不肯上門罷了。

這不能不讓人感到心寒，但面對現實的我們又不得不適應這種境況，貧窮是魔鬼，因為貧窮，你在眾人眼中甚至會顯得有「妖氣」，於是紛紛逃離；富貴是神仙，因為富裕，你在親友眼中也有了「仙氣」，誰都想來「沾沾光」。

別再深究為什麼有錢人的門前總是「人聲鼎沸」，也不要去想為什麼別人會如此勢力，既然有錢和沒錢的差別如此之大，我們首先要做的，就是不斷提醒自己：「早賺錢、多賺錢、賺大錢」。因為唯有賺足了錢，才能擺脫「窮在鬧市無人問」的窘境，過著「富在深山有遠親」的日子。

當然，要賺錢一定要靠自己的雙手去努力，此外還要懂得控制自己的慾望，不能因為錢不擇手段，更不能因為錢而以埋葬自己的幸福生活和健康為代價。即便你努力了，受窮的還是你，也不要勉強自己，他人門前人聲鼎沸，你卻擁有屬於自己的悠然自得，沒錢而幸福著遠遠比有錢卻不幸福要好得多。

一文錢難倒英雄漢

錢不是萬能的，但沒有錢萬萬不能

對於金錢，從古至今看法出奇地一致，單從以下幾句民間俗語中我們就能窺得一斑：

「有錢走遍天下，沒錢寸步難行。」

「錢不是萬能的，但沒有錢卻萬萬不能。」

「有錢能使鬼推磨。」

「一文錢難倒英雄漢。」

……

所有人都不能否認，活在現今的社會中，任何事情幾乎都會和金錢扯上關係，沒有錢確實很多事都難以解決。有人說：「錢不可能買到所有的東西，愛情錢能買到嗎？健康錢能買到嗎？時間錢能買到嗎？……」的確，世間確實有很多東西不是金錢可以擺平的，可是如果沒錢，在世上卻寸步難行，什麼事都辦不了，還會惹來一肚子委屈，誰叫你沒錢呢？

別說平民百姓，就連貴為九五之尊的皇上，也有為錢發愁的時候。

宋太祖趙匡胤在歷史上可是個響噹噹的人物，但他在沒當上皇帝前也很是窮困潦倒過一陣子。有段時間他常常靠別人的接濟度日，過得很艱難。

一天，趙匡胤趕路時口渴得很，但身上一文錢也沒有，這時前面剛好有一片瓜田，賣瓜的人說他的瓜一文錢一個，不甜不要錢。無奈之下，趙匡胤想到了一個壞招，他打開一個瓜吃一口說不甜，然後又剝開一個吃一口還說不甜，一剝打開了好幾個。

瓜農看出他想吃「霸王瓜」，生氣地說：「看你相貌堂堂的樣子，怎麼能做這樣的缺德事呢？沒錢就說沒錢嘛，我又不是不讓你吃，不過是一文錢的事，何必用這樣的損招呢？」

一番話說得趙匡胤羞愧無比，只能連連道歉，承諾將來一旦出人頭地必定好好報答。後來老趙得了天下，果然踐行了諾言，送給瓜農萬畝良田以報答當年的「一瓜之恩」。

此後，「一文錢難倒英雄漢」的典故便流傳了下來，後用來比喻一個很有本事的人在面對小問題時束手無策的窘境。故事演變至今日，除了說大人物被小事情刁難住之外，這句俗語中那個難倒英雄漢的「一文錢」也成了今人的為難之處，因為在金錢上，當今之人遠比古人更為看重。不管你將來會做多大的官，只要眼前的你窮困潦倒，誰又會讓你吃免費的「西瓜」？

從古至今，「人為財死鳥為食亡」的事屢屢上演，而「錢不是萬能的，但沒有錢卻萬萬不能」則被很多人奉為「座右銘」，甚至把錢看得比命都重要，不惜利用種種手段費盡心思百般爭取，以為只要有錢自己畢生的理想和夢想就得以實現了。

殊不知，金錢只不過用來實現理想或夢想的其中一種工具而已，想要實現理想並非只靠金錢就可以。某位哲人曾說過：「成功必須具備很多優越的條件，而失敗只需要一個因素。」當一個人賺了很多錢卻因此而病延殘喘，那麼縱使有再崇高的理想或再偉大的抱負，又如何去實現呢？只能摟著金錢抱憾終生了。

我們不能否認，錢是人類生存的物質基礎，有錢固然好，但即便沒有或只有很少也並不是說就「慘到家了」，古人曰：「凡事不由人計較，一生都是命安排。」錢其實也是一樣，它的命運完全來自於人的安排，用得到時它是救命錢，用不到時它還不如手紙柔軟。

關於金錢的效用，從來都是個仁者見仁，智者見智的問題，畢竟在世上有些東西錢能買到，而有些買不到。疾病和苦難並不會因為你的貧苦而遠離你，也不會因為你的富有而對你「網開一面」。

因此，我們既不要對金錢妄自菲薄，也不要大肆抬高它的效用，把握好自己的尺度，讓金錢為我所用才是最為明智的選擇。

第伍章

有關養心的二十個觀念

收穫大自在的法門

心靜自然涼

沒有空調的時代，古人怎麼活？

某國小的自然課上，老師問：「誰能告訴我為什麼人死後身體是冷的？」

學生們都在沉默，老師又問：「沒人知道嗎？」

這時教室後排有人幽默地回答：「因為心靜自然涼。」

雖然這只是個笑話，但這也說明一點，「心靜自然涼」這則成語連小孩子都會信手拈來，那麼它到底是什麼意思呢？

所謂心靜，指為人處事、接人待物、幽居獨處時的一種自然、平和的心態，心靜自然涼則是說只要內心平靜，自然會覺得涼爽。

炎炎夏日，酷暑難耐之時，眾多憑藉現代化製冷吹涼的工具消暑納涼的人們常常會想到這樣一個問題：「在沒有空調的時代，古人是怎麼度過酷夏的呢？」

從古代詩詞文賦中我們不難看出，面對酷暑古人並非束手無策，而是有著各種辦法，這其中一種就是我們今人所說的「心靜自然涼」。

古人認為「六月紅雲不肯移，清心自合勝炎曦」，清心靜氣才是避暑的最高境界。對這一觀點，眾詩人紛紛認同，唐朝詩人白居易在《消暑詩》中這樣寫道：「何以消煩暑，端坐一院中。眼前無長物，窗下有清風。散熱由心靜，涼生為室空。」為了更好地證明觀點，白居易還舉例為證：「人人避暑走如狂，獨有禪師不出房。可是禪房無熱到，但能心靜即身涼。」

無獨有偶，宋朝詩人陸游也奉勸世人，在酷暑當下不要慌亂，而應該心平氣和，凝神靜氣，「竹梢露滴驚殘夢，荷葉風翻送早涼，暑用酒逃猶有待，熱憑靜勝更無方。」

到了清朝，這種「心靜自然涼」的辦法被皇室發現，雍正皇帝在追錄康熙皇帝的訓話時曾編輯過一本《庭訓格言》，其中就有一則訓文名叫〈心靜自然涼〉，大意是說只要能做到內心平靜，身上就不會覺得熱，「盛暑不開窗、不納涼者，皆因自幼習慣，亦由心靜，故身不熱。」

不僅如此，在這篇訓文中，雍正還進一步提到：「且夏月不貪風涼，於身亦大有益。蓋夏月盛陰在內，倘取一時風涼之適意，反將暑熱閉於腠理。彼時不覺其害，後來或致成疾。

每見人秋深多有肚腹不調者，皆因外貪風涼，而內閉暑熱之所致也。」看起來十分專業，很有老中醫的派頭。

古代的詩人們和雍正皇帝的分析是否真的有理？還是古人為避暑想到的自我安慰之法？「心靜自然涼」是不是真的？

最近日本兵庫縣西宮市協立腦神經外科醫院醫師小山哲男，和美國學者透過實驗的辦法，找到了這一現象的科學依據。

小山哲男醫師隨機挑選了10名美國男女做為實驗對象，為了將灼熱的痛苦感傳給這些人的大腦中樞神經，他用小金屬片給每位接受實驗者的腿肚施以熱刺激，分別以15秒間隔後給予48℃熱刺激，和30秒間隔後給予50℃的熱刺激，反覆多次進行，讓接受實驗者在大腦中記住刺激的類型。

隨後，他開始改變刺激類型，過15秒間隔讓接受實驗者接受50℃的熱刺激，同時，用磁共振成像裝置調查大腦活動的情況。

結果與間隔30秒時施以50℃的熱刺激相比，此時接受實驗者大腦中的感情區域活動低下。研究員詢問接受實驗者的痛苦感，並進行量化分析後發現，此時的痛苦感減少了約30％。

這一實驗讓小山哲男醫師得出了如下結論：人的主觀感覺具有一定心理暗示作用，正如注射前醫生往往會告訴患者不痛一樣，這種心理暗示安慰法是具有科學依據的止痛法，因此從某種程度上來說，「心靜自然涼」是有道理的，這一成果後來被發表在美國的《全國科學院學報》上。

古人的智慧果然了得，面對熱浪滾滾的夏日，與其在空調房裡躲著，讓亞健康[5]侵襲身體，還不如收起紛繁複雜的心緒，別抱怨、別煩躁，用平靜的心態，順應自然的存在，心境平和了，身體自然得以涼爽。

在遇到問題困難、挫折時同樣如此，與其憤恨、反感、抱怨，不如靜下心來以平常心來處理，這樣問題解決起來必然會更加順暢，而你也定能心想事成。

註5：「亞健康」就是指沒有明顯的病症，但也不是健康的狀態；身體介於健康與疾病兩者之間。

一動不如一靜

與其冒進，不如靜下心做事

如今，我們所處的時代是一個浮躁的時代，一切都變得那麼急功近利，已經很少有人願意靜下心來安靜地讀書和做事。做什麼都在追求速度，企業喊著多少年內衝進全球多少強，足球喊著衝出亞洲走向世界，夢想著只要出重金請個厲害的外籍教練，立刻就能成為戰無不勝的足球強國。

就連如今的奧運會，媒體也都是一窩蜂地去關注那些摘金奪銀的幸運兒，卻沒有人真正關心過，在此之前他們曾經歷過的艱難訓練和嚴峻考驗。

當然，每個人都渴望成功，求成心切無可厚非，只是很多人的眼睛都盯著成功的那刻，卻不想有韜光養晦的經歷，總想著怎麼才能一步登天，心性急躁，求勝心切。殊不知沒有漫長的等待與努力，沒有「潛龍在淵」的過程，怎會擁有「飛龍在天」的榮耀？

現代社會，高節奏的生活把我們的思考空間壓榨得越來越小，把我們的心性變得毛毛躁躁，在這個紛繁嘈雜的世界裡，幾乎所有人的心都開始蠢蠢欲動，沒有片刻安寧。每個人都想成就一番事業，幹出一些名堂，但卻很少有人願意靜下心來做事，要知道一動不如一靜，沒有十足把握時，只有沉得住性子，踏踏實實做事，穩穩當當做人，才能十年磨一劍，更上一層樓。

南宋時期，宋孝宗與和尚曾端一起到西湖遊玩，看見飛來峰佇立眼前，宋孝宗問其由來。曾端將當年印度僧人驗證飛來峰原本是西天靈鷲山的典故娓娓道來，孝宗很奇怪地問他：「既然它是飛來的，為什麼不再飛走了呢？」

其實這個答案曾端也不知道，但他靈機一動，巧妙地回答道：「聖上可曾聽說過一句諺語『一動不如一靜』？」一句話說得孝宗心服口服。

但凡世間萬物，任何一件事，任何一個人，只要行動必定有好有壞，而且任何一種「動」，壞的成分都會佔四分之三，而好的成分則只有四分之一，所以中國人的古話裡便有了「一動不如一靜」的說法，且古人認為在壞的那三成中，有兩成是煩惱、險阻、艱難。

在儒家學說中，動即變革，比如創業，比如重新開始，並非不可，而是需要謹慎為之，也就是說與其毛躁冒進，不如靜下心來做事。

想當年，齊天大聖在太上老君的煉丹爐中苦熬了七七四十九天，才終於熬成了火眼金睛；剛從大山深處得來的璞玉必須經過工匠的千雕萬鑿，才能成為價值連城的美玉；毫不起眼的蟲蛹只有經過痛苦的四次脫皮，才能變身為翩翩起舞的蝴蝶……

由此可見，人生本身就是一種修練的過程，而這種修練無疑是一種煎熬，只有耐得住寂寞，經得住煎熬，才能一飛沖天，一鳴驚人。

提到石悅這個名字，也許你會覺得陌生，但說起大陸暢銷書《明朝那些事》你一定多少有所耳聞，而他就是這本書的作者——當年明月，他用了20年的時間潛心做了一件事，終於讓五湖四海的人一夜之間認識了他。

成名前的石悅只是個再普通不過的人：父母都是普通老百姓，他性格內向，上學時成績中等，長相一般，沒什麼特長，從小到大都被同學和老師視為資質平庸、未來平平的男孩。他和別人唯一不同的一點，就是對歷史的癡迷。

從上國小開始，在其他男孩子成天拿著變形金剛、仿真手槍玩得不亦樂乎，迷戀著動畫片和影視劇的時候，石悅卻對古代故事情有獨鍾，一套《上下五千年》幾乎是他童年和少年時代唯一的夥伴。

進入大學後，別人都在談戀愛、玩網路遊戲，而石悅卻將自己的課餘時間全都交給了圖書館，只要一有空他就一頭栽進圖書館，在歷史的長河中暢遊，如飢似渴地讀著一本又一本厚厚的歷史讀物。

畢業後，考上公務員的石悅不抽菸、不喝酒、不打麻將、不愛交朋友，一點也沒有「80後」[6]的顯著特徵。每天下班後他總會將自己關在狹小的房間裡，獨自和刀光劍影、富貴浮沉的歷史故事交流，直到按捺不住提起了筆寫下了《明朝那些事》系列叢書，從此一鳴驚人。

等待，是我們每個人畢生之中不可或缺的過程，無論是誰，也不管是什麼希望都不可能一下子就實現，在這一過程中都會有種種條件限制，有些條件是可以爭取的，而有些條件則不受自己控制，必須耐得住性子，慢慢等待。

想讓自己獲得夢想中的成功，想擁有心想事成的智慧，那麼你首先必須把浮躁的心靜下來，腳踏實地，一步一腳印地向前走，一動不如一靜，了解這一點你離成功的距離就更近了一步。

註6：「80後」是指1980年到1989年出生的人。

每臨大事有靜氣

心靜如水才能成就大事

隨著網路生活的步步貼近，大多數人對msn這種網路即時通訊工具都不陌生，而簽名列則成為我們觀察和了解某人狀態、心境的重要媒介。我們常常會在某些人的msn簽名列上看到這句詩：「行到水窮處，坐看雲起時。」

這句詩的本意是說隨意而行，走到哪算到哪，即使走到流水的盡頭，看似無路可走也可以平靜下來索性坐在地上，看雲捲雲舒。引申之後則是告訴我們人生不應灰心，無論遇到什麼事情，走到如何窘迫的地步，也要有欣賞白雲悠悠、行船流水的美好心境。

這無疑是種「心靜如水」的狀態，而這種狀態之下所隱藏的便是「每臨大事有靜氣」的大無為心胸。

清朝三代皇帝的老師翁同龢曾說：「每臨大事有靜氣，不信今時無古賢。」也就是說從古至今但凡聖賢之人，都很有大器，越是遇到驚天動地的事就越能心靜如水，沉著應對。

當今社會，在市場經濟環境這種激烈的競爭、快節奏的生活、紛繁複雜的社會現象、終日追逐物慾橫流的生活狀態之下，讓人們在無形中備感壓力。而想要適應這變幻莫測的社會環境，沒有勇氣和志氣是遠遠不行的，但除了勇氣和志氣之外，靜氣同樣不可或缺。

什麼是「大事」？也許每個人對此理解都會有所不同，士兵和將軍、員工和老闆、平民和富豪、百姓和官員，身分、地位不同，對於「大事」的詮釋也有所迥異，但究其本質來說，所謂大事就是關鍵的、本質的、核心的、全局性的問題。

那什麼是「靜氣」呢？古人告訴我們，靜氣不是放棄、不是觀望、不是無奈、不是等待，而是一種積極平和的心態，是冷靜觀察、刻苦思索的過程，是鎮定自如、沉著應對的意志力，是從容不迫、永不言敗的信念。

說到靜氣一詞，不能不提到三國時代的諸葛亮。當年街亭失守，想趕盡殺絕的司馬懿率領十五萬大軍蜂擁而來，此時諸葛亮身邊既沒有能抵擋大軍的佈陣，又沒有可衝鋒陷陣的猛將，連士兵都很少，唯有一些文官和不足兩千五百人的老弱殘兵。

得知司馬懿的大軍將到，眾人皆失色，慌亂無比，諸葛亮卻平靜地告訴大家：「不要驚慌，我先看看。」

諸葛亮登上城牆，果然看到塵土沖天，魏兵分兩路往西城殺來，於是傳令讓將士們「旌旗盡皆藏匿，諸軍各守城鋪。若有妄行出入及高聲言語者立斬。大門四開，每一門上用二十軍士扮作百姓，灑掃街道。如魏兵到時，不可擅動，吾自有計。」

眾人裝扮妥當，諸葛亮披鶴氅，戴綸巾，帶著兩個小童在城樓上憑欄而坐，焚起香彈起琴，樣子悠然自得。

司馬懿的大軍很快就來到了城下，只見諸葛亮坐於城樓，笑容可掬，舉止沉著，城牆之下門戶大開，二十幾個百姓低頭灑掃，判若無人，生性多疑的司馬懿頓時驚慌起來，生怕中計，於是馬上下令：「後軍做前軍，前軍做後軍，望北山路而退。」

不戰而退的司馬懿輸在了多疑心慌上，而完勝的諸葛亮則勝在了心有靜氣。他的靜氣不僅表現在大門洞開，百姓灑掃街道的安排上，更表現在操琴時的處亂不驚上，要知道那可是十五萬大軍壓境，一個不留神城池失守，小命就沒了，他老人家卻能彈奏出優美沉靜的琴聲，這不能不讓司馬懿頓生疑竇，因而慌忙退兵。

當今社會，不少人存在一種浮躁心態，有的急功近利，急於求成；有的則觀望等待，投機取巧；還有的弄虛作假，欺上瞞下。更有甚者為了貪圖小利而痛失全局，只做表面文章從不腳踏實地。這樣的狀態，如果再不靜心反思，終將害人害己，後悔莫及。

不管你是經商還是種田，也無論你是百姓還是官員，從事何種職業，有著怎樣的身分地位，想成就一番事業，獲得人生成功，必須得有靜氣。一個人的靜氣從何而來？它並非與生俱來，而是要經過後天的培養。

靜氣是建立在良好的心理素質之上，建立在豐富的經驗基礎之上，建立在過人智慧和勇氣之上，建立在超人意志和堅強品格之上。唯有在日常生活中凝練靜氣，最終做到心靜如水，你才能對全局抱有更精確的分析，對形勢做出更正確的判斷，最終把握機遇，捕捉資訊，成就大事。

靜若處子，動若脫兔

收放自如的處世學

著名軍事家孫武在形容優秀的軍隊時曾用過這樣一句話：「靜若處子，動若脫兔。」意思是未行動之前軍隊要像未出閣女子般紋絲不動，而一旦行動起來就要像逃脫的兔子一樣快捷如風。

為什麼要用未出嫁的女子來形容蟄伏的軍隊呢？今人大多並不清楚古代未出閣女子的狀態。古時候但凡有錢的人家都會讓女兒住在樓閣之上，直到出嫁那天才允許下樓。甚至有些人家的樓閣竟然沒有直接能走下來的樓梯，只有使用移動的人工梯子才能上下，一般僕人服侍小姐時把梯子搬來，用完再搬走，所以未嫁之女每天只能安安靜靜地待在閨閣之中。

所謂「脫兔」是指，一不留神誤入陷阱的野兔，一旦尋得逃跑的機會，必定是恨不得一步跳到安全地帶才好，所以可以想像，這時候的行動應該是多麼敏捷。

「靜若處子，動若脫兔」除了用在軍事上，還是一種處世哲學。孔子曾言：「心所欲，不逾矩。」並將此視為修養的最高境界，他認為任何人只要在歷盡滄桑，擁有了豐富人生閱歷之後，就都能對世事加以洞察，進而從容不迫，收放自如。

在孔子看來，這種應對之法並沒有不合規矩的作派，也沒有懶散厭倦的神情，而是人們平日裡所豔羨稱道的瀟灑風度。這樣的瀟灑並非裝出來的，而是修養的結果，只有先具備充足的底氣，才能做到從容淡定，言行舉止輕鬆自如且合乎規矩。

由此可見，這種「收放自如」其實並不容易做到，想做到「收放自如」則必須把握分寸。人人都知道分寸的重要性，但真正能把握好分寸者卻鳳毛麟角。凡事為何要講分寸？它對說話辦事何以有如此大的關係？

打個比方說，燒火做飯不添柴不加溫自然無法把飯煮熟，但柴火添少了，火候不夠，飯燒不熟；而柴火添多了，火候太大，飯又會被燒焦，唯有不溫不火才能恰到好處。辦事也是如此，能不能把事情辦好，也有個添柴加溫的火候問題，也就是進退得體的分寸問題。然而遺憾的是，很多人對「火候」的把握並不是那麼準確，以致於表面上看起來風光無限，事實上卻疲憊不堪。

在所有人的眼中，朱浩文絕對是個成功人士——年紀輕輕就當上了某知名雜誌的總編，有車有房、名利雙收，人也是英俊瀟灑、知識淵博，是很多美女眼中的鑽石王老五。然而他自己卻並不這麼覺得，隨著身分、地位的不斷提高，他越來越覺得自己不堪重負。

原來，朱浩文自從當上了總編，幾乎從沒有真正快樂過，每天堆積如山的書稿和各式各樣的應酬，喜歡看的和不喜歡看的文字、願意見的與不願意見的人，他都得一一過目；真話假話、真心違心，他心裡即便看得再真切，也總得用同一副面孔示人……

雖然表面上一切很好，但他每天下班回家總會關上門一個人對著音響大吼大叫，以求排解內心的糾結和痛苦，只是這樣的辦法一兩次奏效，時間長了也無濟於事。

漸漸地，他的人際交往遇到了問題，面對不喜歡的人再也無法裝下去了，有時甚至會當面跟人拍桌子，而有些人是得罪不得的，很有可能就是自己和雜誌社的「衣食父母」，很快他的上司以「人際關係處理不恰當」為由給他撤職處分，還「賞賜」給他一個長長的假期，希望他能休整休整，重新出發。

也許有人覺得，人際交往中的「收放自如」，無非就是與自己的喜好暫時說拜拜，敷衍和討好他人。如果你真的那麼認為，那麼人際交往果真會變得痛苦不堪，甚至還會跟朱浩文一般感到「壓力山大」。

其實並非如此，「收放自如」並不是讓你一味妥協，更不必因為他人犧牲自我，只要伸縮得當、交往有節，不患得患失，懂得進退得失的彈性心理，就能達到目的。

當然，如果你對此不屑一顧，凡事不懂分寸，不會節制，肆無忌憚、說話冒失，到頭來事業會一敗塗地，人緣也被搞得一塌糊塗，處事則可能處處留下敗筆。

因此，人生之福禍、社交之得失、事業之成敗，皆在為人處世是否能「收放自如」之間，唯有任何時候都把握好分寸，考慮周全，研究透徹究竟是該「靜若處子」還是該「動若脫兔」，你的人生之路才能更加順暢，事業之途才能暢通無阻。

把舵的不慌，乘船的穩當

主管是下屬的「定心丸」

不少做主管的人往往都會為一件事情發愁，那就是如何才能獲得更大的成功。事實上不管是在企業單位還是公司、集團中擔任主管，判斷其是否成功，都不是看他是否用活權謀、玩轉潛規則，也不是看他手裡握著多大的權力、能賺取多少財富，而是看他能否帶出一支堅不可摧、所向披靡的團隊。

因為財富也好、權力也罷，很多東西都只是暫時的，想永保青春始終屹立不倒，想一直走在行業前端，只有一種辦法最有效，那就是擁有一支打不垮、拆不開的隊伍，一個扛得住挫折、始終勇往直前的團隊。

一支堪稱完美的團隊無疑是所有出色領導者共同追求的目標，也是所有聰明領導者日夜苦思冥想希望達成的願望。因為他們深知賺錢不如賺「人心」，下屬和團隊才是他們真正永久的財富。

那麼如何才能更好地管理人才、抓住人心呢？在這個大的社會組織中，除了最基層的普通員工，幾乎所有處於管理層的主管都會有自己的下屬，如何處理好與下屬之間的關係，將對主管有著很大的影響。因此做為主管，想更好地掌控下屬，抓住人心，必須使用一些恰當的手段，而其中最重要的一點，就是要讓下屬對你死心塌地，心無旁騖地跟你混。

有人會說：「讓下屬死心塌地？這話說說容易，做起來卻難，人心隔肚皮，誰知道他心裡到底怎麼想，表面一套背後一套的人多了，到時候讓下屬給黑了還不知道怎麼死的。」

不少企業其實也存在類似的問題，在一個團隊當中，如果領導者不把基本目標告訴下屬，始終不渝地與下屬保持一致，那麼他怎能得到下屬的認可，而沒有最基本的信任，如何能讓下屬安心，怎麼會跟著你拼命？

怎麼才能讓下屬「定心」呢？中國有句俗語：「把舵的不慌，乘船的穩當。」也就是說只要掌舵者能把握風雲，撐起一片天，其他人就會無災無難。其實企業就像一條船，掌舵者自然是領導者，唯有領導者運籌帷幄，決勝千里、平易近人、大公無私，一心為了企業，一心為了團隊，下屬們才會如吃下「定心丸」一般安心放心，踏踏實實做你的擁護者。

一次，法國總統戴高樂的車隊出現在大街上，沿途的交通警察聽到消息立刻將紅燈轉換成綠燈，並阻止公車和私家車通行。當總統車隊通過加蘭尼將軍大街的時候，摩托車停在一家咖啡店門口，摩托車駕駛員從車上下來，來到咖啡廳門口公用電話，撥通神秘的電話號碼，壓低嗓子說：「老闆，貨物已經收到，一共三箱，有空查驗一下吧！」

聽電話的是國際殺手曼爾諾，他說：「好，我立刻去。」說完，曼爾諾將手中的高腳酒杯狠狠摔在地上，掛了電話轉頭招呼其他人說道：「走，驗貨去。」

一行十多人紛紛抄起武器下了樓。院子裡停著早已準備好的交通工具。曼爾諾招呼眾人上車，他自己坐上一輛黑色的轎車。

上午8點整，曼爾諾一行人風馳電掣般離去。

8點8分，曼爾諾站在一幢高樓的天臺上，拿著望遠鏡看向緩緩行駛的戴高樂車隊，說道：「很好，正在計畫之中。」說完把望遠鏡遞給屬下，自己則搭乘電梯下樓，順手買了份報紙，來到公車站牌下，裝作等車。曼爾諾對面停著一輛白色的廂型車，車上候著曼爾諾手下多恩，他是行動組的執行者，只要曼爾諾揮動手中的報紙，他就會行動，將總統當街打死。這是他們預定好的暗號。

時間停留在8點20分，載著法國總統的車隊緩緩駛進加蘭尼將軍大街。假裝專注看著報紙的曼爾諾偷偷瞄向車隊，心中計算射擊的距離，他務必保證一舉必中。此時，交通警察已經將街道上的車輛清理完畢。曼爾諾暗中計算著車隊行駛速度，當他感覺時機成熟，立刻揮動手中的報紙，並跑向旁邊的轎車。

「轟……」路面立刻被炸出一米左右的溝壑，總統車隊立刻停了下來，而載著總統的車輛飛快地從旁邊打了個轉，直接行駛過去，炸彈炸出的溝壑沒對車隊造成什麼困難。

曼爾諾將準備好的炸藥扔了出去後，立即抄起武器下車對著硝煙瀰漫的方向開槍，誰知從煙幕裡跑出來一輛車，正向他駛來，「嘭」的一聲總統的座駕將曼爾諾撞在一旁，並駛向另外一條路，直奔機場。此刻曼爾諾的手下都對著煙幕內開火，因為角度問題誰也沒注意到有一輛車從前面衝了過去。被卡在原地的總統護衛，掏出懷中的武器，死命地還擊。出身特種部隊的總統專用駕駛員，手法嫻熟地衝過恐怖份子的包圍圈，將總統戴高樂安全帶到機場。

戴高樂下車後淡定地說：「很幸運能見到各位。」

領導者就是群體的定海神針，自己臨危不亂，群體才能站穩陣腳，齊心協力，化險為夷。另外，領導者和下屬的關係永遠是魚水難分、榮辱與共的，在「以人為本」的管理過程中，只有讀懂下屬內心深處的訴求，給下屬吃下「定心丸」，團隊才能在激流中順利前行，做為領導者的你也才能人心所向，得以生存和發展，贏得最後的勝利。

將心比心

體會別人的難處

古老的雲南大理一直流傳著這樣一個詞語：「將心比心」。意思很容易理解，就是在對待他人、瞭解他人時，必須要用自己的切身體驗和感受來理解他人的感受和體驗。

這個詞語被大理人從古至今奉為真理，它是大理人在別人處境艱難、遭受不公待遇或偶有失誤時抱有的心態，也是大理地區純樸善良的老百姓以自己的心理體驗和人生經驗為基礎，且能從現代心理學中得到驗證的人生哲學。

某個背包客獨自一人去大理遊玩，欣賞完美景後突然發現相機不見了，認真回想後才知道，自己在上一個景點如廁時就將放有相機的相機包隨手掛在了廁所牆壁的掛鈎上，因為急著趕往下一處於是忘了拿走。

他頓時悔恨不已，那個相機雖不算昂貴，裡面卻裝著自己幾天來拍攝下的所有照片，還有幾張和當地居民一起拍下的合影，當時他還承諾回去後一定會寄來，這下相機丟了，承諾該如何兌現？

抱著試試看的心理，他再次返回上個景點，剛到廁所前便發現一個黑黑瘦瘦的當地男孩手裡拎著自己的相機包左顧右盼，看到他時眼睛亮了一下。他回想起自己從廁所出來時這個男孩剛好進去，是他撿到了相機包。

一番感謝之詞說完，他拿出錢做為答謝，靦腆的男孩用不太流利的漢語說了這樣一句話：「我不要您的錢，將心比心，我知道您會著急所以才在這裡等。」

後來這位背包客才了解到，原來這裡的每個人都崇尚凡事為他人著想，從他人角度為他人考慮的人生哲學，回去後他將這則成語寫在小卡片上，然後貼在了書桌前時刻警醒自己。

「將心比心」這個詞從另一個角度來說，還有體會別人難處的意思，也就是「己所不欲，勿施於人」。人生在世，每個人都不會事事順心、天天順利，都會有自己的難處。當你和親友爭吵、誤會時，很多時候都會習慣性地將責任推卸給他人，在心裡抱怨別人沒有設身處地體會自己的難處，但如果換位思考一下，自己又何嘗體會到別人的難處呢？

法國著名作家伏爾泰曾說：「想讓別人怎樣對你，你就要怎樣對別人。」可見雙方的態度是統一的、相輔相成的，這就像履行義務和享受權利一樣，只有你理解他人，體諒他人難處，他人才會對你好，同時設身處地地體諒你的難處。

伊莉莎白．諾瓦克在澳大利亞南威爾斯居住的時候，常常因為沒錢而窘迫萬分。一次，她買汽車的分期付款時限已經超過了六週，卻依然沒錢可還。週五那天，一名負責分期付款帳戶的男子打電話來，毫不客氣地告訴她如果週一早上再不交出錢來，他們就會採取下一步的行動。

諾瓦克動用整個週末的時間來籌錢卻沒有籌到，結果週一早上那名男子又打來電話，而且說得很難聽。情緒低落的諾瓦克並沒有對他發脾氣，而是從他的角度來看問題，真誠地為給他帶來麻煩而不停道歉，並說自己一定是最討厭的顧客。

沒想到對方聽到她的道歉後，語氣馬上緩和了下來，並舉了幾個例子證明諾瓦克並非是最令他頭痛的顧客，很多其他顧客有時很不講理，甚至對他避而不見。

諾瓦克默默地聽他在電話中傾吐不快，直到半個多小時過去，她並未開口，對方便說即便付不出所有欠款也不要緊，只要能在月底先付給他一部分，在方便的時候將剩餘的欠款付了，就沒有問題。

由此可見，很多時候體會別人的難處其實獲益的很有可能是你自己。因此，試著去體諒別人的難處，用寬廣的胸懷想想他人良好的初衷，這樣不僅能讓對方感受到你的溫暖，還能為自己帶來全新的感覺。

假如人人都能將心比心地體會一下別人的難處，那麼生活中就會減少很多煩惱和糾紛，人生就會多出許多溫暖和幸福。

心病需要心藥醫

意念的力量

古人常說：「真藥醫假病，真病無藥醫。」意思就是說，真正的疾病往往來自於心理，而治療心病的藥方卻無法在世間找到。

唐朝著名高僧無際大師開據了一副醫治世人心病的「心藥方」，懸於南嶽南台寺禪堂右側。大師的這份心藥方不僅成功地醫治了百姓們的心病，還透過藥方向世人傳授了充滿智慧的生存之道，讓很多人徹悟覺醒。

藥方如下：好肚腸一根，慈悲心一片，溫柔半兩，道理三分，信用要全，忠直一塊，孝順十分，老實一個，陰陽全用，方便不拘多少。

用藥方法：寬心鍋內炒，不要焦不要躁。

用藥忌諱：言清行濁，利己損人，暗箭中傷，腸中毒，笑裡刀，兩頭蛇，平地起風波。

藥方中的十味妙藥發人深省，稱得上是修身養性的珍品——

「好肚腸一根」是告誡我們在為人處事時，應當遵從自己的良心指引，善良待人，真誠處事，用寬容大度的姿態面對生活。

「慈悲心一片」是要求我們心存仁愛，用慈悲的雙眼去看待世界上的貧窮與富有、疾病與健康、美麗和醜惡，關愛一切生命。

「溫柔半兩」指的是我們在工作與生活中都應保持著謙虛謹慎的態度，不爭強好勝，不逞己之能。與人交談或處理事務時要面帶微笑，富有親和力。

「道理三分」就是要我們在真理面前堅持維護，不能因為己慾或私交而動搖原則與信念。遇到不公平的事情後應該積極講道理，對事不對人。

「信用要全」是指人生在世必須講究誠信，這是做人的基礎。無論是經營企業還是打工賺錢，對待親朋好友或是陌生人，我們都應該實事求是，履行許下的諾言。因為信用是難得易失的，花費幾年工夫累積的信任，很可能會在一言一行之間瞬間摧毀。

「忠直一塊」的意思是忠誠正直，要求我們在生活中為人坦蕩，不存奸懶饞滑壞之心，處事恪守原則，不走邪門歪道，不生貪圖謀利之心。對上無二心，對友無二心，真誠公正。

「孝順十分」是教育我們不僅要對生養自己的父母竭盡孝道，還要對天下的長輩高齡抱有敬愛順從之心。長輩的教誨要聽從，長輩的意願要順從，長輩的需求要盡量滿足，以長輩的健康快樂為孝順之首。

「老實一個」指的是我們做人應當忠厚誠實，做事應當循規蹈矩，不徇私舞弊，不偷奸耍滑。只有嚴守本分，坦然率直的人才會心境安寧，生活踏實。

「陰陽全用」的寓意一方面在於身心，它要求我們不僅要注意自己的外在言行舉止，更要關注自己的內在心境是否明朗正直，善良仁愛。另一方面，陰陽又指世間，我們應當爭做好人，多行好事，為自己積福德，累智慧。

「方便不拘多少」是告訴我們給人方便才能給己方便。不要計較給予別人的幫助是多是少，也不要在乎對方所給予的回報是否合理，因為我們在給他人提供便利的同時，也正是在為自己納福積德。

不磨不練，不成好漢

成功需要刻苦修練

喜歡喝茶的人都知道，將沸水倒入裝有茶葉的杯子裡時，茶葉會在杯子裡上上下下浮沉，毫無香味，反覆沖上三、四遍，茶葉在杯中的浮沉會一次比一次更厲害，卻最終綻放出沁人心脾的芬芳。

仔細想來人生何嘗不是如此？只有經過反反覆覆的折騰，無休無止的磨練才能最終獲得成功，這正應了那句俗語：「不磨不練，不成好漢。」

發明家諾貝爾曾多次與死神擦肩，並在和死神的拉鋸戰中失去了親人和朋友，然而他卻始終沒有放棄，最終成了最偉大的科學家；終年生活在放射性物質中的居禮夫人被她的研究成果奪走了性命，可是她的人生卻並不黯淡，因為她成為了最有作為的女科學家；失去音樂人最重要的聽覺之後，貝多芬對夢想不離不棄，最終扼住了命運的喉嚨，成了最著名的音樂家……

不可否認，磨難和挫折成了他們成功的推手，坎坷和荊棘鋪滿的道路是他們走向輝煌的墊腳石，正是這些艱難的境遇，讓他們擁有了不畏艱難的意志，同時成就了精彩的人生。

俗話說得好：「努力不一定會成功，但放棄卻一定會失敗。」這些成功者，無不有著堅定的信念，為了成功必須排除萬難，勇敢前行。

中國地區的新東方學校創始人俞敏洪是個頗具傳奇色彩的人，從升學考三次落榜，到北大畢業後申請出國留學接連失利；從提著漿糊桶滿世界張貼托福培訓的招生小廣告的一名不文的民辦教師，到紐約證交所上市公司的億萬富豪，他的人生轉變只用了十三年。

眾人看到的只是俞敏洪功成名就的樣子，看到他輝煌的一面，有誰曾想過在這十三年中，甚至從他剛出生到如今曾受到過多少磨礪？經歷過多少磨難？

出生在江蘇省江陰市一個普通農民家庭的俞敏洪，從小便在不識字的媽媽懷裡樹立了當老師的願望，可惜天不遂人願，接連兩年的升學考他都名落孫山，所幸第三年補習後他不負眾望地考上了北京大學的英語系。

畢業後俞敏洪留校做了英語老師，每個月拿著 120 元的薪水，在長達六、七年的時間裡承受著清貧給予男人的「毀滅性打擊」。為了改變命運，他開始做起「出國夢」，沒想到這個夢不但沒能讓他飛上枝頭變鳳凰，反而害他丟了工作，成了「個體戶」。

1993 年 11 月，拿到辦學執照的俞敏洪在漏風的違章建築裡開始了新東方充滿艱難的發展歷程，他不記得自己曾受到多少白眼，也不記得自己曾遭到過多少打擊，但在那一次又一次的重擊之下他挺了過來，並因此培養出忍受孤獨、失敗和屈辱三種能力，也形成了他著名的「揉麵定律」：

「人剛開始沒有任何社會經驗，也沒有任何痛苦，就像一堆麵粉，手一拍，它就散了。可是你給麵粉加點水，不斷揉搓，它就有可能成為你需要的形狀——雖然它還是麵糰，卻不會輕而易舉地折斷。不斷被社會各式各樣的苦難所搓揉，揉到最後，結果使你變得越來越有韌性。」

正是這種韌性成就了俞敏洪，他終於等到了撥開雲霧見青天的一日，新東方的前路開始變得平坦，他開始被所有人認可，財富和地位也蜂擁而至。在他的面前雖然依然會有風風雨雨，依然會有險境叢生，但備受磨礪的俞敏洪只會越挫愈勇，用一顆堅強的心譜寫成功者的華章。

無論對任何人來說，磨練都是一種人生中必須經歷的考驗。對學子來說，榜上無名是種磨練；對士兵而言，折戟沉沙是一種磨練。人生的道路上磨練無處不在，它就像路邊突然伸出的一叢荊棘，一不留神便會被刺得遍體鱗傷。此時，衣衫磨損、滿身傷痕的你是選擇就此退縮還是繼續前行？

在這樣的人生岔路口，相信你一定會做出這樣的決定：整理行裝，拿起勇氣，面對磨練，絕不退縮，因為唯有如此你才能變成強者，才能戰勝磨難，贏得成功，如同茶葉經歷多次浸泡後最終綻放芬芳一般，你也會贏得人生中最豔麗的春天。

常賭無贏家

願賭服輸的智慧

提到台灣宏碁集團的老總施振榮，業內人士都會豎起大拇指，他可是個無人不知、無人不曉的能人。事業成功的施振榮曾因為把「人性本善」運用到企業管理中而聞名一時，如今他又提出了「敢於認輸」的個人成功論。

在接受某媒體採訪時，施振榮這樣告訴記者：「我一生追求無怨無悔，願意認輸。在失敗的時候，我會讓自己靜下來，甚至躲起來一個人寫本書。」他堅信一點，成功固然可貴，但失敗也並非沒有益處，只要失敗後不浮不躁，靜下心來不斷調整，終有再次成功的時候。

提到當時進軍美國市場的經歷，施振榮唏噓不已：「想當年，宏碁進軍美國市場，面對康柏、IBM這些實力強勁的對手可沒少吃苦頭，不過好在最後美國市場還是接受了宏碁。」

「我當時就想，我們不一定非得在美國闖天下，不過商業形象卻一定要到美國去定！」

當記者問到宏碁營運成績不佳之時，施振榮平靜地說：「如今的宏碁早已不再是10年前的宏碁，一個人或一個組織最終能否獲得大的成功，取決於他所能承受的失敗次數。想把事情做大，就必須要面臨失敗，而且事情做得越大，失敗的次數就會越多、越殘酷，最後輝煌的程度和其中失敗的次數成正比。」

隨後他繼續說道：「我們的創業是集體創業，所以我們的體制一定要設計成能面對各式各樣失敗而不至於遭受一次打擊就全線崩潰的體制。只有這樣，我們才能將失敗當作投資和學費。」

從不把眼光放在當前的施振榮野心勃勃地說：「我要的不是宏碁今年或明年的表現，而是5年、10年，乃至百年後的宏碁。」隨後記者在採訪紀錄的最後寫下了這樣的話：「巨人最可怕之處，莫過於敢於認輸但永不服輸！」

其實無論是商場還是人生，敢於認輸都是一種人生智慧。所謂「認輸」，就是正視現實，實事求是，不抱任何偏見地正確理解、評價自我和他人。很多人對「失敗」這個詞都深有感觸，因為我們都曾經歷過，即便是李嘉誠、比爾．蓋茲等大名鼎鼎的成功人士，在年輕的時候也同樣失敗過。

幾乎所有失敗都源自於經驗的匱乏和決策的失誤，把事情想得太容易、把對手想得太簡單。古語有言：「知錯能改，善莫大焉。」認輸正是這樣一種敢於面對過失、虛心求實進取的精神，只有敢於認輸才能真正超越自我，獲得成功。

在人生的征途中，競爭和角逐、奮鬥和拼搏都是再正常不過的事情，此時我們所需要的除了百折不撓、矢志不移、永不言敗之外，還要學會認輸。當現實明擺著對自己不利，當明知道對手比你強過百倍，如果還一味往前衝，非得跟別人死拼到底，只能是以卵擊石，一敗塗地。而這個時候如果懂得認輸，避開鋒芒，急流勇退，不進行無益的競爭，不做無謂的犧牲，才無愧為明智之選。

此時的認輸並非甘於失敗，更不是自暴自棄，而是讓心靈暫時性休整，是重整旗鼓、蓄勢待發的一種策略，它能讓你徹底擺脫不健康的心理羈絆，讓你調整好位置進入最佳心理狀態，也是靜候下一次成功的重要契機。

不圖便宜不上當

天上掉餡餅的時候，你要小心了

喜歡看武俠的朋友肯定知道一點，中國的武俠小說總喜歡讓主角意外翻身，比如偶然誤吃了仙丹，練就一身功夫；掉到懸崖之下偶得武功秘笈；路遇某個馬上要死的高手傳授一身功夫……幾乎每個主角總會幸運地撈到幾塊天上掉下來的餡餅，有的甚至是餡餅「磁場」，總有餡餅沒頭沒腦地往他身上砸，彷彿得來全不費工夫。那些主角雖然偶爾也會被別人打倒在地，口吐鮮血，但總也死不了，每次遇到困境總有傻子般的敵人主動把好事送上門，每每都化險為夷。

其實這樣的機遇在外國文學作品中也時有觸及，比如《基度山恩仇記》、《圓桌武士》等，為了文學審美上的需要，描寫一個人如何輕鬆地鹹魚翻身，快意恩仇要比寫他如何臥薪嚐膽更吸引目光的多。

如今就連好萊塢的作品也開始效仿，比如癡迷功夫的菜鳥小子功夫熊貓，幾乎沒太費勁就學會了絕世武功，將敵人打得滿地找牙。

不可否認，老百姓就是喜歡看天上掉餡餅的故事，但故事終歸是故事，故事裡掉再多的餡餅也都是虛擬的。作者寫來寫去總是那麼巧合，但在現實生活中天上掉餡餅的事卻鮮有發生，有時候天上即便真的掉下東西來，那也是陷阱而非餡餅。

天上不會掉餡餅的道理，其實人人都明白，但真正輪到自己的時候，卻總有人抱有僥倖心理。如今社會上假中獎、假招工、假文物、假黃金、假藥、假老鄉、假神醫、假藥、假秘方……什麼都能打扮成香氣撲鼻的「餡餅」往你身上砸，而這個時候只要你一個不留神，稍微想貪點小便宜，馬上就會上當受騙，等你反應過來的時候，騙子早溜了。

因為兒女的家都離得遠，退休多年的王老太太和老伴兩人相依為命，每天的生活平靜如水，倒也自得其樂。

一天，老伴出門遛狗，她坐在沙發上看電視，突然接到一通電話，對方自稱是某網站的工作人員，說她家的電話在隨機抽獎的時候被抽中了三等獎，獎品是一台平板電視。

巧合的是，最近王老太太正跟老伴商量著換電視的事，家裡的電視用了二十多年，影像效果不好而且還太小，如今有電視送上門來，王老太太的心裡自然樂開了懷，根本沒細想自己的電話號碼是如何中的獎，連忙問對方要怎麼去領。

對方告訴她，按照規定中獎必須交20％的個人所得稅，只要把這個錢匯過去，查收後電視馬上郵寄過來。一向精打細算的王老太太合計著只要花一點錢就能得一台大彩電，於連忙問對方如何匯款，並記下了對方提供的銀行帳號，急匆匆地出門了。

一路上她美美地想，這下可撿了大便宜了，到了銀行因為不會使用自動存取款機，她跑到櫃檯上說要給這個帳號匯款。一位銀行服務人員看她年紀比較大，就關切地問她給誰匯款，她高興地說：「你不知道，我中了一台大的平板電視機，只要給他們匯過去什麼稅，人家就給我送到家裡來！」

一聽又是因為中獎匯款，銀行工作人員立刻提高了警覺，詳細詢問了王老太太事情的來龍去脈，結果越聽越像騙局，忙勸慰王老太不要匯款，王老太太這才恍然大悟，連連道謝：「多虧你們，不然我可就佔小便宜吃大虧了！」

其實跟王老太太一樣抱著僥倖心理的人有不少，很多人總覺得風水輪著轉，說不定這次就輪到我了，殊不知輪到自己的並非好運，而是陷阱。想發財必須要靠自己，只有透過努力獲得的機會才可靠，只有雙手勞作得到的財富才真實。

這個世界上從沒有不勞而獲的好事，防止上當受騙的根本一則，就是拿定自己的主意，處事公平相待，按勞取酬，不圖便宜不上當，經常小心天上掉下來的東西，因為它不是餡餅，而是陷阱。

當著矮人，不說矮話

說話不揭短

相傳，有一次，皇帝朱元璋兒時的一個夥伴前來拜見。朱元璋雖然很想見這個夥伴，卻又怕他將自己以前不太光彩的事情說出來。思索再三，他最後還是決定見一見這位老朋友。

這個人一見到朱元璋就謙恭謹慎地跪下施禮，口中說道：「不知萬歲是否還記得，當年掃蕩廬州府之事？微臣當年跟隨陛下左右，親眼見到陛下掃蕩了廬州府，攻破了罐州城，雖然狡猾的湯元帥得以逃脫，但是英勇的陛下還是擒拿住了豆將軍。後來，紅孩兒擋住前路，這時候多虧蔡將軍出手才化險為夷。」一席話說得朱元璋喜笑顏開，一掃以前的擔憂，當即重重地封賞了這位舊友。

消息傳出後，朱元璋的另一個兒時夥伴聽說了此事，也找上門來。此人是朱元璋兒時一起放牛的夥伴。此人一見到朱元璋，就眉飛色舞指手畫腳地說：「萬歲，你還記得當年我們一起給人放牛時發生的趣事嗎？有一回，我們跑到蘆葦蕩裡用一個瓦罐煮偷來的豆子，一群人還沒等到豆子煮熟就一哄而上，結果把罐子打破，豆子和湯全都灑在了地上，你顧不上別人只顧從泥裡揀豆子吃。不成想，一根紅草根卡在了你的喉嚨裡，多虧我急中生智，讓你吃下一團菜葉，這才將卡在你喉嚨裡的草根帶到你的肚子裡。」一席話，讓朱元璋感到十分沒有面子，不由得惱羞成怒，下令將此人處斬。

俗話說：「當著矮人，不說矮話。」想和別人友好相處，首先必須要體諒別人，給別人留有迴旋的餘地，經常注意維護他人自尊，保住對方面子，更要注意別亂揭人短處。

從事業務工作的王世剛是個腦子轉得很快的年輕人，他的聰明機敏常常能為他帶來不錯的機遇，並讓他得到了不少人的賞識，但也正因為他的嘴快，險些給他惹來麻煩。

一次，王世剛有幸參加了一次上流社會的宴請活動，因為鄰桌的女孩長得很漂亮，他忍不住搭起了訕，而且跟她越聊越投機，甚至到了無話不談的地步。這時一位上層人物上臺講話，因為打斷了他們的聊天，王世剛有點不高興，恰好看到那位上層人物有點禿頭，便偷偷地跟旁邊的女孩嘲笑起他來，還說了不少諷刺挖苦的話。

沒想到，女孩聽完王世剛的話，原本高興的表情頓時煙消雲散，略帶惱怒地問道：「先生，您知道我是誰嗎？」

王世剛丈二和尚摸不著頭腦：「抱歉，我還沒請教您貴姓？」

「我就是您剛剛說的那位先生的女兒！今天的宴會是我父親作東。」

王世剛無比尷尬地連連道歉，看那女孩沒有絲毫原諒他的意思，他只得黯然離席，一路上不停地擦冷汗：「幸好她不認識我，不然我的前程就都栽在這張嘴上了！」

因為犯了隨便說人「矮話」的毛病，王世剛不僅讓自己處於尷尬的境地，還錯失了一段原本很有希望的緣分，甚至連前途也差點斷送掉，可見「揭短」這件事是做不得的。

每個人都有各自不同的成長經歷，都有自己的缺點和問題，也許是生理上的缺陷，也許是隱藏在內心深處不堪回首的經歷，而這些都是他們不願提及的「瘡疤」，是他們想極力隱藏和迴避的問題。

人們常說：「瘸子面前不說短、胖子面前不提肥、『東施』面前不言醜。」被擊中要害對任何人來說都不是件令人愉快的事情，尤其是身心上的「傷疤」。因此無論什麼人，只要你觸及了這塊傷疤，他都會採取一定的方法進行反擊，以獲得心理上的平衡。

因此，你一定要記得對讓人失意之事盡量免談，對別人避而不談的事情不去觸及，只有這樣才能避免「禍從口出」，贏得更好的人際關係。

他山之石可以攻玉

借鑑的意義

在《詩經．小雅》中有這樣一句話：「他山之石，可以攻玉。」意思是藉助別的山上的石頭來打磨玉器，原用來比喻其他國家的賢才也能為本國效力，也用來比喻能幫自己改正缺點的人或意見。

老祖宗留下這樣一句話，還提醒今人：在工作和生活中，要善於借鑑別人的觀點、經驗和做法，借鑑別人的智慧用來點燃自己頭腦中的火花，從而促進知識、能力和水準的提高。

無論對個人還是企業來說，謙虛都是獲得發展的重要因素之一。做不到謙虛這一點，不管是個人還是企業在發展的道路上都會受到諸多限制，甚至會因為驕傲走向失敗或滅亡。

不懂謙虛的人就不會向他人學習，不向他人學習則永遠無法得到進步和成長，而想要在激烈的角逐中脫穎而出，沒有什麼比虛心學習他人長處、用心借鑑別人智慧更好的辦法了。

2007年，世界汽車銷售榜上的第一名頭一次沒有了美國通用的名字，而是換成了日本豐田。當年通用公司每賣出一輛車平均能賺180美元，而豐田汽車的利潤卻是每輛車1700美元，這讓它迅速成為全球汽車行業的龍頭。

說起豐田的高產值，豐田負責人不禁想到了剛進入美國市場時的窘迫。當初，因為被發現產品品質有瑕疵，豐田汽車公司不得不支付高額的賠償金，但此後他們痛定思痛，開始向同行學習，借鑑其他汽車集團的先進經驗，開始了徹頭徹尾的「革新」。

所謂「革新」就是持續改善的意思，豐田汽車從生產部門到技術研發部門，隨處可見這樣的「革新」。自從這種「革新」文化進入公司，豐田汽車原有的問題一一得到了改善，當第三款汽車上市時，汽車的品質已經提高到難以找到瑕疵的程度。

雖然獲得了巨大成功，但這種「革新」文化卻並沒有因此被廢棄，反而一直持續了下來數十年不變，這與豐田的全體員工謙虛謹慎的態度緊密相關，這使得他們願意向任何人學習，並把學到的東西運用到實際工作中。

俗話說：「人往高處走，水往低處流。」其實知識和經驗也如流水一般，如果你不懂謙虛，不願從他人身上借智慧，就會失去進步的機會，得不到長久發展，最終被淘汰。

印度奧修大師曾說：「當你謙虛的時候，一切存在的事物都會成為你的老師。如果佛在你身邊，你們之間卻沒能建立親密的關係，那麼是因為你不懂得謙虛。」

想讓自己的能力日益精進，善於借鑑他人智慧尤為重要，而借鑑的基礎就是謙虛，因為只有謙虛的人才能沉下心來從別人身上學東西。

古今中外，總有因為最高決策者的傲慢態度而最終走向失敗的範例，綜觀當今社會，那些被成功的喜悅沖昏頭腦，自以為自己是行業中首屈一指的企業帶頭人，一旦丟棄「他山之石可以攻玉」的優良傳統，很快就會遭到失敗。唯有始終抱著謙虛態度，不斷學習別人經驗，從他人身上汲取智慧者，才能心想事成，並始終屹立在成功的巔峰。

聽話聽音，看人看心

揣度別人的想法

在某雜誌上刊載過這樣一句話：「如果某位熟悉的女孩不再叫你的名字，而是喜歡叫你：『嗳！』那麼她很有可能是愛上你了。」

曾有位哲人說：「女孩子的心思最難猜，明明是喜歡，卻說『討厭』；明明是願意，卻偏偏轉過頭不理。」就跟歌裡唱的那樣：「女孩的心思男孩你別猜，你猜來猜去也猜不明白。」

儘管女孩的心思如謎語般難猜，卻總有男孩爭先恐後地想去破解，在這一問一答、一出謎語一猜謎題的過程中，感情由此而生，姻緣也由此註定。可見有些時候揣度別人的想法是件快樂的事情。

有時候古人為人處世晦澀難懂，這和中國人向來含蓄有著很大關係，古往今來，時光流逝，雖然我們生活中必不可少的溝通方式早就變成了白話文，且全國統一為國語，但中國人語言含蓄的傳統卻從未走遠，因此「聽話聽音，看人看心」也成了每個人必修的功課之一。

我們常常會在古裝電視連續劇中看到這樣的橋段：古代臣子們為了揣度皇帝的心思，腦子恨不得轉上一百八十圈都不算完，貴為九五至尊的皇上有什麼需要也不會直來直往地告訴臣子，有時還得考慮皇家威儀。

比如說自己的妃子看厭了，想再招聘一些進來，不能直說，而是在議政的時候感嘆：「後宮冷清」，於是善於揣度聖心的臣子就會建議「各地選妃」，於是龍顏大悅，一個「准奏」，心願達成，皆大歡喜。

「說話聽音，看人看心」，一方面要聽得出別人的弦外之音，另一方面還得猜得透別人心裡想的是什麼，只有這樣你才能得到他人的青睞。

有位記者曾在自己的日記中描述了這樣一件事情：

「一天我接到採訪任務，要坐車到某地辦事，上車之後我發現座位的靠背很矮，好在靠上去還算舒服，我便不管不顧地靠了上去，拿出隨身帶著的小說看了起來。

在我後面的座位上有位看起來很有教養的老太太，大約六十多歲的樣子。開車不久，她笑瞇瞇地把頭湊過來，誇我的頭髮又黑又亮，很好看。因為沉浸在小說的情節中，我真以為她是誇我，於是很有禮貌地道了謝。

過了半小時左右，她又湊過來，誇我的頭髮很香，這下我提高了警覺，心想我平時也沒精心打理過頭髮呀，哪裡值得人家那麼誇，一定還有別的原因，於是回頭看了看，頓時心裡就明白了。

原來我『又黑又好聞』的頭髮越過了椅背，侵佔了她的私人空間。儘管只是一縷頭髮的問題，但讓別人看著總不會舒服，換了我也是一樣的。我馬上將頭髮摟成一把盤了起來，並向她道了歉。這下，老太太和藹地向我致謝，還說我是個善解人意的女孩。

接下來的時間我再也看不進書裡的情節了，而是暗想：老太太的方式確實讓人感到舒服，不傷和氣，只是有點智力測驗的意思。在這個世界上，得有多少心思需要用心捉摸，有多少深意需要耐心揣度啊！而只有善於揣度才能理解言語背後隱藏的含意，找出最佳的相處方式，原來做人並沒有那麼簡單。」

這位記者說得沒錯，善於揣度別人的想法會讓你更討人喜歡，尤其是在人際交往中，你只有善於把握別人心理，能夠猜到別人的想法，才能在人際交往中遊刃有餘，如魚得水。

路遙知馬力，日久見人心

看穿別人需要假以時日

劉巧惠的公司最近有了新動向，因為他們部門最近調來了一位新主管，而且據說是個能人，被專門派來整頓業務的，這讓大多數同仁們都很興奮。

然而讓大夥都沒想到的是，這位新主管到任一個多月卻沒有任何作為，每天彬彬有禮地進入辦公室，然後躲在裡面一整天不出門，偶爾出來一趟也不檢查每個人的工作，而是客氣地跟每個人寒暄。

新主管的行為讓不少原本緊張地要死的同事一下子鬆了口氣，很快顯出了原形：「哎，什麼能人呀，根本就是個老好人，比原來的主管更容易糊弄！」

三個月過去了，就在劉巧惠開始對新主管感到失望時，新主管卻突然發威了，一下子把所有「不務正業」的「蛀蟲」都開除掉，把認真工作和能力較強的人都提升上來，這其中包括每日兢兢業業的劉巧惠。

接到升職通知的劉巧惠卻有點吃驚：「這位新主管下手之快，斷事之準，和三個月表現保守的他簡直判若兩人，這是怎麼回事呢？」

很快到了年終，公司聚餐的時候，酒過三巡，已經成了新主管左膀右臂的劉巧惠忍不住問起主管：「我們都很佩服您看人的本事，能不能給我們指點一二？」

新主管笑瞇瞇地說：「相信大家對我新到任期間的表現和後來的大刀闊斧都會感到不解，其實我並不是什麼神人，你們聽我說個故事就知道了。」

「多年前，我曾在郊區買過一棟帶著院子的房子，剛搬進去就把院子裡所有的雜草樹全部清除掉，改種了自己買來的花卉。一天原來的房主來送東西，一進門大吃一驚地問：『那最名貴的牡丹哪兒去了？那是我特意留給你的禮物呀！』那時我才知道，我居然把牡丹當成雜草給鏟掉了。

前年冬天，我把那棟房子留給了父母，在近郊買了棟房子，這棟房子前面也有個小院，但更顯雜亂。只是這一次我按兵不動，什麼都沒做，想等上一年半載看看情況再說。果然，冬天以為是雜樹的植物，春天裡開滿了花；春天以為是野草的植物，夏天則成了錦簇；半年沒有絲毫動靜的小樹，秋天居然長出了紅葉。一直到去年深秋我才真正認清哪些是應該剷除的沒用的植物，哪些是應該保護的珍貴草木。」

說到這裡，新主管舉起杯來說：「劉巧惠，謝謝妳問了我這樣一個問題，也謝謝各位，這杯酒我敬大家，如果這間辦公室是個花園，那麼你們都是其中的珍貴植物，雖然不可能一年到頭開花結果，但只要長期觀察下來總能分辨得出。」

這個故事告訴我們這樣一個道理：想要看穿一個人，必須要假以時日，這也應了中國古代的一句俗語：「路遙知馬力，日久見人心。」

每個人都會遇到值得一輩子交心的朋友、同學，值得付出畢生的同事、上司，每個人也都有可能會遇到落井下石的朋友或同學，口蜜腹劍的同事或上司。但無論是否值得交往，值得信任，沒有誰能夠一眼就被認清，也沒有誰能憑藉一面之緣準確地識別對方，而只有經過漫長時間的考驗，好壞才能分明，正謬才出結果。

因此無論是工作還是生活，也不管是朋友、同學還是同事、上司，想真正看清一個人的內心，必須要睜大眼睛識別好壞，相信只要假以時日，你必定能斬獲最真摯的友誼，獲得最真心的夥伴。

留得青山在不怕沒柴燒

身處逆境時要懂得保存「有生力量」

春秋末期，越王勾踐因為戰敗而被俘虜到了吳國，成了吳王夫差的奴隸，剛開始勾踐萬念俱焚，很想一死了之，謀士范蠡勸他：「大王，勝敗本是兵家常事，只有忍得一時之氣才能得以重新翻身。」於是勾踐默默地為夫差打了三年工，不但一分工錢都沒有，還受盡了屈辱。

他的退讓使夫差放鬆了警覺，三年後動了惻隱之心的夫差看勾踐對自己似乎沒什麼威脅，於是把他放回了越國。

回國後的勾踐委託范蠡建城作都，每晚睡在柴堆上，在房門口掛一個苦膽，每天都舔一舔，讓自己記得那種苦滋味，不聽音樂，不近女色，心裡想的只有一件事：復仇。

「臥薪嚐膽天不負，三千越甲可吞吳。」機會終於到了，利用夫差北上爭霸、國內空虛之機，勾踐一舉攻入吳國並殺死了吳太子，使得夫差回國後只能言和。

這還遠遠不夠，勾踐二十四年，吳都被圍三年後城破，夫差自殺，吳國滅亡，勾踐最終完成了自己的華麗蛻變，成就了霸主地位。

比起勾踐的臥薪嚐膽，忍辱負重，西楚霸王項羽的選擇可就遜色多了。人傑地靈的江東完全有可能讓項羽得以重整旗鼓，即便是吃了敗仗，他的威名也依然讓人敬仰。只可惜項羽最終選擇了「誓死不過江東」，人們也因此稱他為「短氣英雄」，他也留給後人「江東子弟多才俊，捲土重來未可知」的嘆惋聲。

人生在世，沒有誰一輩子順順利利，不經歷任何挫折，那麼遭遇困境之時，你是選擇像項羽一樣拔劍自刎，留個剛烈的名節，還是抱著「君子報仇，十年不晚」的信條在逆境中保存力量，一圖某日重整旗鼓，東山再起，捲土重來呢？

生意做得如日中天的何偉岡因為禁不住房產行業暴利的誘惑，將原本用來做為流動資金的兩千多萬全部砸了進去。風雲變幻的市場則馬上給了他一個下馬威，房產價格只降不升，那些花重金買下的商鋪想賠錢出手都沒有人要，而此時公司的財務出現了困境，無計可施的何偉岡做了一個錯誤的決定，讓公司賠了個血本無歸，連房產也被銀行收走了。

萬念俱焚的何偉岡在公司被貼上封條之後打算到對面32層的高樓上一跳了卻此生，為了懲罰自己，他沒有選擇坐電梯上去，而是一層層地往上爬。剛開始何偉岡暗想：「好端端的公司因為我的錯誤葬送了，還欠了一屁股的債，我還有什麼顏面在這個世界上生存？」

爬到10層時他開始氣喘吁吁，但想到這是最後一次爬樓梯，為了不留下遺憾一定要堅持到底。這時他想到自己從一文不名的業務員一點點做到千萬富翁的經歷，不由感慨：「如今我是再沒有這種心勁了，如果年輕十歲也許我還能捲土重來？」

終於爬到了20層，他坐在樓梯上休息起來：「想當年上大學的時候，我還跑過馬拉松，現在可是真不行了，左右都是一死，要不坐電梯上去吧！」念頭一閃，他馬上告訴自己：「我不能就這麼認輸，最後一個願望總得實現才行！」

等爬上32層樓頂的時候，天已經黑了，滿身是汗的何偉岡無比狼狽，從樓頂望下去他突然沒有了輕生的念頭：「32層的樓我都能爬上來，還有什麼做不了？如果我真就這麼死了，當年那些苦難就白受了，不行！今天就當是重生了，從現在開始我要重新振作！」

何偉岡認真規劃了自己的人生，從收破爛開始做起，經過千辛萬苦，五年後重新擁有了自己的公司。

我國古代有句老話說：「留得青山在，不怕沒柴燒。」只要還留得一口氣在，那麼從前的退縮和失敗都只會成為歷史，而前方則是無限的光明。韓信可以忍受胯下之辱，廉頗可以負荊請罪，我們又有何不能呢？

逆水行舟，不進則退

追求成功的路上沒有退路

前段時間，大陸書市上推出了一本名叫《無以言退》的商業小說，其中描寫了一個普通的理科碩士生從兼職到求職、從培訓到職場、從技術到管理，最後從國內到海外的職業成長歷程。

故事本身其實並不新穎，但放在資訊化浪潮的大背景下卻顯得尤為勵志。在這樣一個浮躁迷惘的年代，很多人對堅持不懈勇往直前的精神漸漸淡漠，而男主角卻在面對各種環境時，以無言以退的信念一步步超越自我，實現價值，最終贏得愛情找到了人生座標。

主角用實際行動告訴我們，人生之路如同逆水行舟，不進則退。成功的路上根本沒有退路，只有步步為營，一步一腳印地向前走，才能最終贏得勝利。

有一個在工廠做工的工人名叫傑克，因為爆發金融危機，他所在工廠的效益越來越差，瀕臨倒閉，廠裡的大多數工人都在觀望，希望出現轉機，否極泰來。

最初傑克也在等待，但每個月最低標準的薪水漸漸讓他入不敷出，過了一段窘迫的日子後他毅然決定辭職，打算再拼搏一次，不給自己留退路，看看自己到底有多大的生存能力。

辭職後，傑克利用一次性給予的年資補貼金開了一家小門市，最初因為經驗不足，他常常是白忙一場，有時甚至還賠錢，但他一直勤勤懇懇，別人不願做的小生意他攬來做，別人覺得辛苦的工作他搶著做。

不僅如此，他還非常講誠信，童叟無欺，說到做到，從不欺騙顧客。一年過去了，他的小店逐漸被很多人所認可，有些人甚至寧願多走幾步也要到他的店裡買東西；兩年過去了，他的生意越來越好，他開始有了分店，並將自己的信譽也開到了分店。

幾年後，傑克成了當地小有名氣的創業楷模，他原來所在的工廠也終於關門「大吉」，而那些始終觀望的工人們也紛紛陷入工廠倒閉的悽慘命運之中。很多人找到傑克，問他當時怎麼有如此大的魄力，敢不留後路就創業時，傑克謙遜地笑著說：「因為我知道，追求成功的路上，根本就沒有退路可言。」

傑克的話很有道理，不給自己留退路，其實也是給自己一條走向成功的路。古人說：「逆水行舟，不進則退。」逆著水流方向行船，不往前划槳船自然就會往後退。

人生就如同逆水行舟，在你停滯的同時其他人卻不會停止前行，這樣你不是已經落後了嗎？等到退無可退之時，悔之晚矣。

當然你可能會想，既然逆水行舟那麼費勁，為什麼不能順水而行，這樣豈不是可以輕鬆前進了？事實並非如此，因為「順流而下」只能越來越往下，永遠無法到達成功的彼岸，無法登上遠方的高峰。

很多人在年少的時候，常常會對生活充滿幻想，希望將來成就一番事業，對什麼都充滿好奇，但很多人只是想想而已，在生活中沒有確切的目標，更談不上挑戰，隨著年齡的增長這些夢想都成了過眼雲煙。

真正想成功的人定然不會如此，他們會制訂奮鬥目標，然後穩紮穩打，一步步地去努力實現，抱定「逆水行舟，不進則退」的信念，勇往直前，永不停歇，最終駛向成功的彼岸，踏上人生巔峰。

寧捨一錠金，不捨一年春

珍惜光陰

法國著名思想家伏爾泰曾出過這樣一個意味深長的謎題：在這個世界上，什麼東西既是最長的又是最短的，是最快的又是最慢的，是最能分割的又是最廣大的，最不受重視又是最值得惋惜的；如果沒有它什麼事都做不成，它能讓一切渺小的東西都會歸於消滅，讓一切偉大的東西生命不絕？

幾乎所有人都猜不出這個謎題，後來有位名叫查第格的智者說出了答案：「時間。」

隨後，他解釋道：「這個世上最長的莫過於時間，因為它永遠無窮無盡，而最短的也是時間，因為它讓很多人的計畫都來不及完成；對等待它的人來說，時間最慢，而對作樂的人而言，時間最快；它能夠無窮無盡地擴展，也可以無限地分割；如果你不去重視它，過後就會感到惋惜；失去時間，什麼也做不了；它可以將一切不值得後世記住的人和事從人們的心裡抹去，還可以讓所有不平凡的人和事永遠留在人們心底。」

中國的傳統文化中向來對珍惜時間這一命題十分重視，民間諺語說：「寧捨一錠金，不捨一年春。」這足以見得時光有多麼寶貴。

王冕是元朝著名的畫家和學者，同時還是篆刻家和詩人。擁有如此多成就的他小時候的出身並不好，因為家境貧寒，父母無力供他上學，只好把他送到一個姓秦的人家當放牛牧童。

因為家裡沒錢，王冕上不了學，但他經常都想著讀書學習，每次出去放牛總會把借來的書帶在身上，有時候騎在牛背上讀書，有時候把牛放在一邊吃草，自己則坐在樹下練習寫字和畫畫。晚上也不肯放鬆，常常藉著佛殿的長明燈夜讀。就這樣，王冕利用點點滴滴的時間自學了很多知識，最終成為著名畫家和學者。

在中國古代像王冕一樣不放過任何時間努力進取的人不在少數，幾乎所有人都聽說過「頭懸樑、錐刺股」的故事，為了擠出時間來學習，很多人想盡辦法。據說司馬光年少時為了搶到更多學習的時間，將枕頭做成圓木樁，讀書困倦時便枕著圓木睡覺，只要一翻身枕木就會活動，被驚醒後馬上起來學習，最終寫就了名垂千古的《資治通鑑》。

世界著名發明家愛迪生也是個十分珍惜時間的人，某天，正在實驗室工作的愛迪生順手遞給助手一個沒上燈口的空玻璃燈泡讓幫他忙量一下燈泡的容量，然後繼續埋頭工作了。

過了大概三個小時，他抬起頭來問助手：「容量多少？」助手沒有回答，他轉頭看見助手拿著軟尺手足無措地測量燈泡的周長、斜度，並拿著測得的數字伏在桌上計算，他立刻火冒三丈：「時間都讓你浪費掉了！」

說完，他拿起空燈泡，向裡面注滿水，交給助手：「裡面的水倒在量杯裡，馬上告訴我容量。」助手立刻讀出了數字。

愛迪生嘆了口氣：「這是多容易的測量方法啊！又準確又節省時間，你為什麼不認真想想呢？還去算，這不是白白把時間拱手送給上帝嗎？人生太短暫了，太短暫，最大的浪費莫過於浪費時間，得節省時間，多做事情啊！」助手聽後，臉馬上紅了。

對不同的人來說，時間有著不同的意義。對所有活著的人來說，時間就是生命；對孜孜不倦研究學問的人來說，時間是資本；對無所事事的人來說，時間是債務；對學生來說，時間是改變命運的指針；對工作的人來說，時間就是千金難買的財富……

珍惜時間，珍惜光陰，這不僅是熱愛生命的表現，還是種心想事成的智慧，想贏得最後勝利，想邁上事業的巔峰，你必須要學會跟時間賽跑，懂得爭分奪秒，因為時間就是金錢，時間比金錢還要珍貴！

狹路相逢勇者勝

勇氣是安身立命的關鍵

約翰和維尼到遠方尋寶，沒想到在沙漠中迷路了。他們的食物和水都很快用完了，兩人又渴又餓，約翰從口袋中掏出一把手槍和五顆子彈遞給維尼，並對他說：「我要去找水和食物，要不然我們只能死在沙漠中。你就待在原地，每隔一個小時打一槍，好讓我知道你在什麼地方，以免走失。」維尼答應了，於是約翰頭也不回地大步向前走去。

維尼牢記約翰的話，每隔一個小時就打一槍，三個小時過去了，約翰還沒回來，於是維尼開始擔心：「他會不會已經死在某處，不會回來了？」於是越想越害怕，到第四小時，他顫顫巍巍地朝天空發了一槍，遠方依然沒有動靜。

眼看到了第五個小時，槍裡只剩最後一發子彈，可是約翰還沒回來，維尼的神智開始有些混亂，他十分害怕自己就這麼被餓死或渴死，腦中全是悽慘的景象，他最終沒有將最後一發子彈打向天空，而是瞄準了自己。

槍聲響過不久，約翰滿載食物和水快樂地哼著歌曲回到了原處，看到的卻是同伴冰冷的屍體。

歌德詩中寫道：「如果你失去了財產——你只失去了一點；如果你失去了榮譽——你失去了許多；而如果你失去了勇氣——你把一切都失掉了。」確實如此，假如維尼再稍微忍耐一下，用勇氣戰勝恐懼，他完全可以活下來，但就是因為沒有勇氣，他失去了唯一生還的機會。由此可見，勇氣才是安身立命的關鍵所在。

《史記》中有這樣一個故事：

戰國末期有個名叫趙奢的人，最初他是田部的一名吏官，因為以法治租得到平原君的賞識，被舉薦為主管國賦收入的領導。西元前269年，秦國攻打趙國的閼與，因為懼怕道路艱難險阻，所有將領都不願領兵救援。

趙奢覺得這是個好機會，他認為：「兩鼠鬥於穴中，將勇者勝。」於是毛遂自薦率兵前往救援，以攻其不備的策略獲得了勝利，解了閼與之圍，這也讓趙奢因此贏得了榮譽，從此和廉頗、藺相如同位。

這個故事正是「狹路相逢勇者勝」的淵源，趙奢的想法是正確的，戰爭如同兩隻老鼠在夾縫中相逢，勇敢無畏的人就能取得最後勝利。在和敵人相遇的時候，往往不是你死就是我亡，此時除了前進再無其他選擇，唯有勇猛向前拼死一搏才能贏得一線生機。

當年，凱撒率領部下來到盧比孔河畔，如果再前進一步就意味著和元老院徹底決裂，同時代表著向國家宣戰，但凱撒毅然決然地說：「既然骰子已經擲下，那就這樣吧！」正是這次充滿勇氣的宣戰，奠定了他羅馬無冕之王的地位。

在戰爭中，有一種出奇致勝的心理戰術叫「不戰而屈人之兵」，就是想盡辦法讓對方喪失勇氣，失去鬥志，這也恰恰說明了一點，再高明的智將，在面對勇氣勃發的對手時也束手無策。

看過《變形金剛》的人都知道，在跟大塊頭的鋼鐵之軀對壘時，無論力量有多懸殊，正義和勇敢的一方總會贏得勝利。中國古代兵法有云：「避其鋒銳擊其惰歸。」意思是狹路相逢的一刻，能夠靈光閃現的智者固然可貴，但更重要的是需要足夠的勇氣將妙計付諸實施，這一步才能最終力挽狂瀾。

勇氣是安身立命的關鍵所在，無論任何時刻，只有充滿勇氣，有勇有謀，事業之路才能更加平坦，人生之途才會心想事成。

先睡心，後睡眼

心靈也需要「睡眠」

中國古人對於睡眠十分重視，他們認為人的精氣神只有在睡眠中才能得到恢復，人之所以健康就是因為睡眠獲得了維持，古訓有云：「睡一個好覺，勝似吃補藥。」老話也說：「吃飽睡好」，而在古人眼裡睡個好覺比吃什麼好東西都強。

人的一生中，至少有三分之一的時間要花在睡眠上，如果能睡一個「蘆花被下，臥雪眠雲」般的舒服覺，第二天整天都會有好精神，但如果睡不好，或噩夢連連、或身心疲憊，第二天整天都會昏昏沉沉，無精打采。

然而相關調查顯示，在快節奏的現代生活壓力下，很多人都存在睡眠問題，隨之而來的是抑鬱症、焦慮症、神經衰弱等身心疾病的增加，很多都市人都渴望能有個好的睡眠，「不覓仙方覓睡方」也成為都市人的共鳴。

也許你會覺得這有些危言聳聽，但世界衛生組織發佈的一份全球健康狀況消息證實了這一調查，人們的睡眠品質存在著嚴重的問題。古代那種漱石枕流、悠然入睡的場景如今已很難出現，而睡不好覺直接影響著健康和生活，如何保護睡眠健康也成了當代人最為關注的問題之一。

剛進入這個世界500強企業的時候，劉怡惠覺得天比過去藍多了，樹比原來綠多了，世界突然變得美好，自己突然成了幸運兒。她高興極了，因為在這一屆大學畢業生中她的工作是最好的，她的職位是總裁助理，一人之下萬人之上。

然而劉怡惠的歡欣雀躍並沒持續多久，自從當上了這個年薪幾十多萬的總裁助理後，她就再也睡不好覺了。這位總裁大人極具敬業精神，劉怡惠甚至懷疑他不是凡人，因為他似乎24小時都在工作，而做為助理必須全天候待命，一般人哪經得起這樣折騰？一個多月下來，劉怡惠就精神衰弱了。

可憐的她每天被總裁的電話緊緊圍繞著，無論上班還是下班，也不管是工作日或者週末、早上還是半夜，總裁一想到什麼就會立刻打電話給她，而且要求她24小時開機，久而久之她發現自己的生活完全被手機掌控了，一聽見鈴聲就緊張，甚至得了手機焦慮症。

這樣的日子持續了三個月，劉怡惠終於崩潰了，她毫不猶豫地遞交了辭呈，並跟好友惡狠狠地說：「讓高薪見鬼去吧！為了多活幾天，我可不能再伺候他了，還是老老實實找個一般工作吧！至少能睡個安穩覺！」

然而讓她始料不及的是，她居然開始失眠了，晚上一到八點她就關掉手機躺在床上，不斷給自己暗示：不會再有人半夜打電話了，也不用接任何臨時性任務了；棘手的事情扔掉了，工作也可以過陣子再找……可是無論如何都睡不著，每天只能睜著眼等天亮，什麼數羊、深呼吸、睡前牛奶、泡腳都不管用，因為總有些奇奇怪怪的念頭冒出來，不由她不去想。無奈之下，劉怡惠只好去找心理醫生。

在充滿競爭和壓力的當今社會，究竟如何才能睡個好覺？南宋理學家蔡元定曾寫過一首《睡訣銘》，僅僅用了22個字就科學概括了睡眠的全部內容：「睡側而屈，覺正而伸，勿想雜念。早晚以時，先睡心，後睡眼。」想睡個好覺，就必須深諳其道。

簡而言之就是「先睡心，後睡眼」，因為睡覺並不僅僅意味著閉上眼睛，心靈也需要休息，只有讓心靈先休息，身心釋負，睡眠才真正有效，身體才能獲得真正的放鬆。

化蛹成蝶

成功的過程就像化蝶飛

一天，黑不溜丟的蛹看到美麗的蝴蝶在花叢中翩翩起舞，非常羨慕地說：「我真希望能跟你一樣在陽光下自由飛翔啊！」

蝴蝶告訴牠：「其實你也能做到啊，不過這需要你做到以下兩點。」

「哪兩點？你趕快說！」蛹迫不及待地問。

「首先，你必須渴望飛翔；第二，你必須要脫離你那看起來很安全、很溫暖的巢穴。」

蝴蝶認真地告訴牠。

蛹聽後十分惶恐：「那是不是就意味著死亡？」

蝴蝶一邊在花叢中跳舞，一邊回答：「從蛹的意義上來說，是這樣，但從蝴蝶的意義上來說，那就是你獲得新生的必經之路。」

蛹的消逝帶來的是蝶的新生，這種鳳凰涅槃不僅僅在是蝶，只要具備勇氣和決心，擁有渴望成功的心和脫離溫室的勇氣，再醜陋的毛毛蟲都能變成美麗的蝴蝶；再矮小的樹苗也能長成參天大樹；再失敗的人都會走向成功。

人生在世，很多事情是我們無法改變的，比如低微的出身、平凡的相貌、痛苦的遭遇、坎坷的經歷，這些都是我們生命中的「蛹」，但有些東西是我們可以左右的，比如自尊、自信、毅力、勇氣，這些是幫助我們突破命運之蛹，讓我們振翅欲飛的致勝武器。

有個孩子從小沒有得到命運之神的眷顧，他相貌醜陋、說話口吃，而且因為兒時的疾病導致左臉局部麻痺、嘴角畸形、一隻耳朵失聰。

母親曾為此陷入深深的痛苦之中：「我可憐的兒子，你那麼小就要忍受折磨，將來如何生活啊？」為了讓他快樂積極地活下去，除了對孩子加倍愛護，媽媽還很注意保護他的自尊心，並幫他樹立自信。

在媽媽的精心照料下，這個孩子很快變得懂事並成熟起來，他默默忍受著其他孩子的嘲笑和譏諷，別的孩子在玩具中打發時間時，他則沉浸在書本中渴望以此獲得自信。

為了糾正口吃，他仿照某位演說家的辦法，嘴裡含著小石子講話，看著嘴唇和舌頭被石子磨出血來的媽媽心疼地偷偷流淚，但為了孩子的未來，她強作笑顏地鼓勵孩子說：「每一隻漂亮的蝴蝶都要衝破束縛牠的繭，克服了這個障礙你就能翩翩起舞了。」

孩子點點頭，一臉堅定地說：「媽媽，我一定會成為那隻美麗的蝴蝶！」

皇天不負苦心人，他終於可以流利的講話了，因為他的勤勞和善良，中學畢業時他不僅獲得了優秀的畢業成績，還贏得了良好的人緣，他的周圍再也沒有了嘲笑和譏諷，每個人都對他充滿敬佩。

1993年10月，在專業領域頗有建樹的他參加了總理競選，和他同臺競爭的對手在電視上毫不避諱地攻擊他的臉部缺陷，還大聲喊道：「難道你們要這樣的人來當總理嗎？」這種惡意攻擊非但沒有擊垮他，而且當人們了解到他的成長經歷後，都對他給予了同情和尊敬。

當他站在高臺上向大眾說出了自己的競選口號「我要帶領國家和人民成為一隻美麗的蝴蝶」時，所有人都歡呼起來。他最終成功地脫穎而出，並被全國人民親切地稱為「蝴蝶總理」，他就是加拿大第一位連任兩屆的跨世紀總理讓．克雷蒂安。

化蛹成蝶是蝴蝶的必經之路，而接受磨練，則是成功的前奏，這正如我國古代儒學大師孟子所說：「天將降大任於斯人也，必先苦其心志，勞其筋骨，餓其體膚，空乏其身，行拂亂其所為，所以動心忍性，增益其所不能。」

二戰時期曾叱吒風雲的美國總統羅斯福從小因病身患殘疾，被人譏笑為「跛子」，但身處逆境的他並沒有因此自暴自棄，而是重塑了信心，讓滔天巨浪化成了碧波，讓逶迤五嶺變成了泥丸。

羅斯福這樣告訴我們：「既然磨練無法逃避，為何還要哭泣？也許笑對生活，會有更美的彩虹出現。」

成功的過程就像化蝶飛，不經歷風雨怎能見彩虹？沒有經過痛徹心扉的磨練，又怎會有踏上陽光普照的坦途？

國家圖書館出版品預行編目資料

影響中國人心理的100個觀念／李亞暉著.
——第一版——臺北市：字阿文化 出版；
紅螞蟻圖書發行，2013.9
面 ； 公分. ——（Discover；28）
ISBN 978-957-659-947-7（平裝）

1.修身 2.生活指導

192.1 102016335

Discover 28

影響中國人心理的100個觀念

作　　者／李亞暉
發 行 人／賴秀珍
總 編 輯／何南輝
校　　對／周英嬌、楊安妮、賴依蓮
美術構成／Chris' office
出　　版／字阿文化出版有限公司
發　　行／紅螞蟻圖書有限公司
地　　址／台北市內湖區舊宗路二段121巷19號（紅螞蟻資訊大樓）
網　　站／www.e-redant.com
郵撥帳號／1604621-1　紅螞蟻圖書有限公司
電　　話／(02)2795-3656（代表號）
傳　　真／(02)2795-4100
登 記 證／局版北市業字第1446號
法律顧問／許晏賓律師
印 刷 廠／卡樂彩色製版印刷有限公司
出版日期／2013年９月　第一版第一刷

定價 300 元　港幣 100 元

ISBN 978-957-659-947-7　　Printed in Taiwan